Cómo DIOS Puede y Va Restaurar Su Matrimonio

*Un Libro para Mujeres
Escrito por Alguien
Que ha Pasado por lo Mismo*

Erin Thiele
traducido al Español

Portada diseñada por Dallas Thiele • NarrowRoad Publishing House

Cómo DIOS Puede y Va Restaurar Su Matrimonio
Un libro para mujeres escrito por alguien
que ha pasado por lo mismo

Publicado por:
Narrow Road Productions
POB 830
Ozark, MO 65721 U.S.A.

Los materiales de Restore Ministries son usados para detener el divorcio y para restaurar las familias. Para más información, visítenos en: **AyudaMatrimonial.com**. Permiso del autor ha sido otorgado a aquellas que quieran imprimir o reproducir este libro ya sea para ellas mismas u otras. No se debe vender copia de este libro sin ser autorizado por el autor.

ISBN: 1-931800-13-8
ISBN-13: 978-1-931800-13-6
Library of Congress Control Number: 2006936331

Primer Edición, 2006
Segunda Edición, 2015, Revisada

Introducción

¿Por qué no permitirle a Dios restaurar su matrimonio?

¿Todos le están diciendo que su matrimonio no tiene esperanza? ¡No es verdad! ¡Dios tiene todo el poder para restaurar cualquier matrimonio, especialmente EL SUYO! ¿Por qué ser otra de las estadísticas de divorcio cuando la Palabra de Dios tiene tanto el poder como la verdad para cambiar SU situación aparentemente desesperanzada?

Erin Thiele escribió este libro para USTED durante su lucha para restaurar su matrimonio. Su esposo la había dejado por otra mujer y eventualmente se divorció de ella. Desesperada, ella buscó ayuda. Todos los "expertos" trataron de convencerla de que su matrimonio no tenía esperanza—¡fue entonces cuando ella encontró al Admirable Consejero y Su Palabra!

Mediante la aplicación de los principios de Dios, los cuales Erin ha documentado en este libro, ¡su matrimonio fue milagrosa y completamente restaurado! ¡Únase a las muchas mujeres que han aplicado los principios en este libro para obtener Victoria en lugar de derrota!

Índice

——— Capítulo 1 ———

Mi Amada

"Al recordarte de día y de noche en mis oraciones,
siempre doy gracias a Dios, a quien sirvo
con una conciencia limpia como ló hicieron mis antepasados.
Y al acordarme de tus lágrimas,
anhelo verte para llenarme de alegría."
2 Timoteo 1:3-4

Mi muy amada hermana en Cristo,

No es por casualidad que usted tiene este libro en sus manos; es por la Divina Providencia. Dios ha escuchado su clamor, de la misma manera que escuchó el mío, y ha venido a rescatarla. Las siguientes páginas le guiarán al igual que Él me guió cuando los demás me decían que no tenía esperanza.

Lo que Él me pidió que hiciera no fue fácil, ni tampoco será fácil para usted. Pero si usted quiere un milagro en su vida, éste puede suceder. Si desea un testimonio para compartir con otros acerca de la fidelidad de Dios, lo va a tener. Si en verdad usted quiere que Dios restaure un matrimonio sin esperanza, continúe leyendo. Dios puede restaurar —y lo hará—su matrimonio tal como lo hizo conmigo.

La Biblia dice que "el Señor recorre con su mirada toda la tierra, y está listo para ayudar a quienes le son fieles" 2 Crónicas 16:9.

Él le ha estado buscando para ayudarle. ¿Está usted lista?

Necesitará una obediencia sincera. Usted debe entrar por "la puerta estrecha. Porque es ancha la puerta y espacioso el camino que conduce a la destrucción, y muchos entran por ella. Pero estrecha es la puerta y angosto el camino que conduce a la vida, y son pocos los que la encuentran" Mateo 7:13–14. Es su elección si decide seguir ahora Su camino estrecho o regresar.

Este es el momento de escoger. "Hoy pongo al cielo y a la tierra por testigos contra ti, de que te he dado a elegir entre la vida y la muerte, entre la bendición y la maldición. Elige, pues, la vida, para que vivan tú y tus descendientes. Ama al Señor tu Dios, obedécelo y sé fiel a él, porque de él depende tu vida… " Deuteronomio 30:19–20.

Si todavía está leyendo y no ha tirado este libro, entonces usted ha escogido continuar. Lágrimas llenan mis ojos al pensar en la gloriosa resurrección que le espera a su matrimonio y su familia. Oro bendiciones sobre cada uno de ustedes. Me gozo en pensar que un día nos conoceremos ya sea en este lado o en el otro lado del "Cielo" donde no habrá más lágrimas.

Querida y dulce hermana en Cristo Jesús, Dios puede restaurar su matrimonio y lo hará: Usted tiene Su palabra de honor. "Les aseguro que si tienen fe y no dudan—les respondió Jesús—no sólo harán lo que he hecho con la higuera sino que podrán decirle a este monte: '¡Quítate de ahí y tírate al mar!', y así se hara" Mateo 21:21.

Por cuanto usted está leyendo este libro, asumo que tiene una crisis en su vida por causa de su matrimonio. ¿Le ha abandonado su esposo? ¿Usted lo ha dejado o le ha pedido que se vaya? Quizá usted obtuvo este libro antes de que alguno de los dos tomara este paso drástico de abandono, pero usted o su esposo han hablado de divorcio durante alguna discusión. Usted debe creer que "sabemos que Dios dispone todas las cosas para el bien de quienes lo aman, los que han sido llamados de acuerdo con su propósito" Romanos 8:28.

Al pasar por las pruebas personales en su problemático matrimonio, si en verdad desea que las cosas se arreglen para el bien, usted primero debe amar a Dios y de verdad desear Su propósito para su vida.

En este momento Su propósito es que usted se acerque a Él, que le permita transformarle más conforme a Su imagen. Esfuércese porque Dios ha dicho "nunca te dejaré; jamás te abandonaré" Hebreos 13:5. Dios no se ha movido de su lado: "Aún si voy por valles tenebrosos, no temo peligro alguno porque tú estás a mi lado" Salmo 23:4.

Estoy segura que "valles tenebrosos" describe cómo se siente usted al respecto de su situación, pero Dios ha permitido esto por su bien.

Solamente después de esto brillará usted como el oro. "Esto es para ustedes motivo de gran alegría, a pesar de que hasta ahora han tenido que sufrir diversas pruebas por un tiempo. El oro, anque perecedero, se acrisola al fuego. Así también la fe de ustedes, que vale mucho más que el oro, al ser acrisolada por las pruebas demostrará que es digna de aprobación, gloria y honor cuando Jesucristo se revele" 1 Pedro 1:6–7.

Lo más importante que usted debe hacer en este momento es "quédense quietos, reconozcan que yo soy Dios" Salmo 46:10. Luego, siga el camino de Dios. Asegúrese que todo lo que haga o diga está de acuerdo con las Escrituras; asegúrese que se apega a la Biblia consistentemente.

Dios no desea que su matrimonio se termine. Recuerde que Jesucristo mismo dijo "por eso dejará el hombre a su padre y a su madre, y se unirá a su esposa, y los dos llegarán a ser un solo cuerpo. Así que, ya no son dos, sino uno solo. Por tanto, lo que Dios ha unido, que no lo separe el hombre" Mateo 19:5–6. Además, "Yo aborrezco el divorcio, dice el Señor, Dios de Israel, … Así que cuídense en su espíritu… " Malaquías 2:16.

Satanás es el que quiere ver su matrimonio destruido, el Señor no, Dios no. Recuerde que "El ladrón (el diablo) no viene más que a robar, matar y destruir; yo he venido para que tengan vida, y la tengan en abundancia" Juan 10:10. No crea las mentiras del diablo sino que lleve "cautivo todo pensamiento… " 2 Corintios 10:5.

No le permita que le robe a su marido. No le permita que destruya su familia, su vida, y sus hijos ni que le robe su futuro. Créame y crea a aquellos que le pueden decir por experiencia que el divorcio destruirá a los hijos y robará el futuro de cada uno de ellos al igual que el suyo propio.

En lugar de eso, siga el camino de Dios. Tomelo como su esposo conforme espera la restauración. "Porque el que te hizo es tu esposo… " Isaías 54:5. "Aunque cambien de lugar las montañas y se tambaleen las colinas, no cambiará mi fiel amor por ti ni vacilará mi pacto de paz, dice el Señor, que de ti se compadece" Isaías 54:10.

Derrámese sobre la Biblia, permitiéndole a Él que la purifique, "lavándola con agua mediante la palabra…" Efesios 5:26. Ore y crea lo que dicen las Escrituras y no lo que usted ve: "ahora bien, la fe es la garantía de lo que se espera, la certeza de lo que no se ve" Hebreos 11:1. "En realidad, sin fe es imposible agradar a Dios…" Hebreos 11:6.

Nadie, sólo Dios, sabe exactamente por lo que usted está pasando y las respuestas que necesita en este momento. Si usted ora (simplemente habla con Dios) y lo escucha a Él (lee Su palabra, la Biblia), Él le puede guiar a la victoria que Él tiene para usted. No escoja seguir lo que otros puedan decir, los que están en el mundo, los amigos en la iglesia, los pastores, o cualquier consejero que le diga algo que han escuchado o leído. Si usted está orando y leyendo la Palabra de Dios, Dios le hablará primero a usted, en su corazón o durante su lectura bíblica; entonces alguien confirmará la dirección en la cual Él le está dirigiendo, ¡la cual será consistente con Su Palabra!

La mayoría de las personas, cristianos o no, le dicen a usted cosas que suenan y se sienten bien en la carne. Pero si no concuerdan con las Escrituras, ¡tales cosas son erróneas! Usted estará en arena movediza. "Dichoso el hombre que no sigue el consejo de los malvados" Salmo 1:1. Cuando es de Dios, usualmente suena como algo loco (como el mantenerse en su matrimonio cuando otros le dicen «¡abandónalo!») y siempre necesita la ayuda del Espíritu Santo para llevarse a cabo.

No actúe impulsivamente ni tome decisiones rápidas. Dios usualmente dice "¡Espera!" Muchas veces durante la espera, Él cambia la situación. Dios dijo que Él es el "Consejero admirable"

Isaías 9:6. ¿Acaso no desea usted lo mejor? ¿No le gustaría tener un consejero que conoce el futuro? ¿Uno que de verdad pueda cambiar el corazón de su esposo? Sólo hay Uno que le puede mostrar la dirección correcta. ¡Confíe en Él y solamente en Él! Hay de hecho MÁS matrimonios destrozados en la iglesia que en el mundo, así que no se deje guiar por ningún consejero cristiano o pastor que da el consejo del mundo en lugar del de Dios.

Tristemente, muchos matrimonios son destruidos por consejeros matrimoniales cristianos. Ellos hacen que usted y su esposo hablen del pasado y que se digan cosas que nunca deberían de haber sido dichas. Las frases crueles son mentiras del diablo o sentimientos carnales. Después de que el consejero escucha algo que él mismo ha propiciado que usted diga, ¡le dice que su situación no tiene esperanza!

Si alguien (incluyendo su cónyuge) le ha dicho que su situación no tiene esperanza, empiece a alabar a Dios. ¡Las situaciones sin esperanza son exactamente aquellas donde el Señor elige mostrar Su poder! "Para los hombres es imposible…mas para Dios TODO es posible" Mateo 19:26.

Trabaje con Dios. Y no crea que sin la ayuda o cooperación de su esposo su matrimonio no puede salvarse o mejorar. ¡Nuestro ministerio fue fundado por y para aquellos que son la única persona en la pareja buscando restauración para el matrimonio! Lo único que necesita es su corazón y la fortaleza del Señor. "El Señor recorre con su mirada toda la tierra, y está listo para ayudar a quienes le son fieles" 2 Crónicas 16:9.

He tenido el privilegio de haber sido «aconsejada» por el Mejor Consejero y quiero compartir algo de lo que Él me ha dicho a través de Su Palabra. No hay dos situaciones exactamente iguales; sin embargo Su Palabra se aplica a todas. "Alabado sea el Dios y Padre de nuestro Señor Jesucristo, Padre misericordioso y Dios de toda consolación, quien nos consuela en todas nuestras tribulaciones para que con el mismo consuelo que de Dios hemos recibido, también nosotros podamos consolar a todos los que sufren" 2 Corintios 1:3–4.

Estudie Su Palabra. Después de haber orado. "Pidan, y se les dará; busquen, y encontrarán" Mateo 7:7. "Si a alguno de ustedes le falta sabiduría, pídasela a Dios, y él se la dará, pues Dios da a todos generosamente sin menospreciar a nadie. Pero que pida con fe, sin dudar, porque quien duda es como las olas del mar, agitadas y llevadas de un lado a otro por el viento. Quien es así, no piense que va a recibir cosa alguna del Señor; es indeciso e inconstante en todo lo que hace" Santiago 1:5–8.

¡Usted debe de tener fe! ¿De dónde puede obtener fe? ¡De Él! Pídale fe porque "toda buena dádiva y todo don perfecto descienden de lo alto" Santiago 1:17.

La Palabra de Dios, Sus principios

Amada, si conoce bien la Biblia o si nunca la ha leído anteriormente, la Biblia, y SOLAMENTE ella, debe ser su guía para restaurar su matrimonio. El libro que está leyendo presenta todos los versículos que el Señor usó para guiarme a través del fuego de la prueba hacia mi restauración.

El Señor me enseñó que yo había quebrantado muchos de los principios del matrimonio, y además me enseñó otros pecados de los cuales no me daba cuenta o con los que nunca había lidiado (mediante el arrepentimiento por haberlos cometido). Todos estos pecados y violaciones condujeron hacia la destrucción de mi matrimonio.

Pasa lo mismo con TODO aquel que encuentra su matrimonio en ruinas o completamente destrozado, incluyéndole a usted. Pronto se dará cuenta, si ya no se ha percatado, de que no es su esposo solamente quien ha violado los principios de Dios. Usted se dará cuenta, como yo me di cuenta, que usted ha contribuido bastante a la destrucción de su matrimonio. Este entendimiento será el punto decisivo conforme usted acepte y mire sus pecados, no los de su esposo.

La sabiduría que recibí al leer y volver a leer los versículos de las Escrituras a los cuales el Señor me dirigió, me ayudó a entender lo que la Biblia verdaderamente es y lo que yo necesitaba que fuera en mi vida—mi guía. La Biblia está llena con las leyes espirituales para Su creación. Cuando Dios creó el mundo, no sólo lo hizo con leyes físicas, como la ley de gravedad, sino que también lo creó con leyes espirituales.

Al igual que el violar la ley de gravedad resulta en las consecuencias de que nos tropecemos o de que un objeto se caiga, así el resultado de violar las leyes espirituales del matrimonio será el derrumbe de su matrimonio.

Otro descubrimiento asombroso es que los caminos del mundo SIEMPRE son opuestos a los caminos de Dios y Su Palabra. La manera que usted está manejando el abandono de su esposo, su adulterio, su consumo de alcohol o drogas o los documentos del divorcio que él le puso en las manos, muy probablemente es la misma manera en que alguien en el mundo lo hubiera manejado. Lo que usted descubrirá, como yo lo descubrí, es que esto es exactamente lo OPUESTO de la manera que Dios quiere que se manejen las pruebas para traer la victoria. "… ésta es la victoria que vence al mundo: nuestra fe" 1 Juan 5:4.

Cuando empecé a seguir los caminos de Dios, lo cual fue lo opuesto de lo que los demás estaban haciendo, fue cuando empecé a ver que mi matrimonio volvía. Los caminos del mundo SIEMPRE resultan en destrucción, mas los caminos de Dios siempre traen consigo sanidad y restauración. "El que siembra para agradar a su naturaleza pecaminosa, de esa misma naturaleza cosechará destrucción; el que siembra para agradar al Espíritu, del Espíritu cosechará vida eterna" Gálatas 6:8.

He elaborado una lista pequeña de referencias en este capítulo para ayudarle INMEDIATAMENTE a sacar su matrimonio de la crisis. Estos principios, si son seguidos al pie de la letra con un corazón sincero y humilde, resultarán en una restauración inmediata o futura de su matrimonio. Está GARANTIZADO, no por mí, sino por Dios en Su Palabra.

Cuanto más una mujer sigue estos principios, mayor restauración verá como resultado directo de su obediencia. Aquéllas que se quedan en crisis, o que nunca ven su matrimonio restaurado, son aquéllas que se niegan a creer y a obedecer las leyes espirituales de Dios, o quienes erróneamente creen que están por encima de las leyes de Dios.

Si usted es una de aquellas que cree fuertemente que usted no está "bajo la ley" y por tanto es libre para violar las leyes de Dios, "¡de ninguna manera!"

• "¿Entonces, qué? ¿Vamos a pecar porque no estamos ya bajo la ley sino bajo la gracia? ¡De ninguna manera!" Romanos 6:15.

• "¿Quiere decir que anulamos la ley con la fe? ¡De ninguna manera! Más bien, confirmamos la ley" Romanos 3:31.

• "¡De ninguna manera! Nosotros, que hemos muerto al pecado, ¿cómo podemos seguir viviendo en él?" Romanos 6:2.

Aquellos que entendieron la ley de gravedad aprendieron a desafiarla, lo que resultó en que el hombre pueda volar. El cristiano que estudia la Palabra de Dios desafiará al mundo y maravillará al incrédulo quien entonces buscará a Dios. Sin embargo, una persona que cree estar por encima de la ley de gravedad, y viola esa ley brincando de un avión sin un paracaídas, caerá para su propia muerte. Por eso que tantos cristianos viven vidas llenas de destrucción.

Creer y obedecer

Si usted es como muchas mujeres que quieren restaurar su matrimonio, usted no sólo debe de creer que Dios puede restaurar su matrimonio, usted también debe obedecer Su Palabra. Este libro fue escrito por alguien que estaba desesperada—desesperada al punto de seguir la Palabra de Dios ¡¡¡pase lo que pase!!! ¿Está usted dispuesta a seguir la Palabra de Dios, sin importarle el costo? ¿Sin importarle cuanto duela? La pregunta que se debe hacer a usted misma es "¿qué tan importante es para mi salvar mi matrimonio?"

Reciba cualquier cosa. Si usted no obedece a Dios con celo de obediencia, usted no debería esperar nada de Él, porque usted es indecisa. "Quien es así no piense que va a recibir cosa alguna del Señor; es indeciso e inconstante en todo lo que hace" Santiago 1:7–8. "Aborrezco a los hipócritas, pero amo tu ley" Salmo 119:113.

Fe por mis obras. Si usted dice que tiene la fe para confiar a Dios su matrimonio, entonces "actúe" en esa fe. "Hermanos míos, ¿De qué le sirve a uno alegar que tiene fe, si no tiene obras? ¿Acaso podrá salvarlo esa fe?… Sin embargo, alguien dirá: «Tú tienes fe, y yo tengo obras.» Pues bien, muéstrame tu fe sin las obras, y yo te mostraré la fe por mis obras" Santiago 2:14, 18. Hay tantos testimonios de aquéllas que decidieron "creer" en vez de obedecer. Cada una de ellas continúa "creyendo" en solución para su matrimonio, ¡pero NINGUNO está restaurado!

Sácatelo y tíralo. De nuevo, ¿qué tan importante para usted es su deseo de que su matrimonio sea restaurado? ¿Está lo suficientemente desesperada para hacer "lo que sea necesario" para salvarlo? Si usted no cree que Dios nos llama a esa clase de obediencia, mire lo que dice Jesús en Mateo 5:29–30: "Por tanto, si tu ojo derecho te hace pecar, sácatelo, y tíralo. Más te vale perder una sola parte de tu cuerpo y no que todo él sea arrojado al infierno. Y si tu mano derecha te hace pecar, córtatela, y arrójala. Más te vale perder una sola parte de tu cuerpo, y no que todo él vaya al infierno"

A través de todo el capítulo 5 de Mateo Jesús nos llama a una obediencia mayor de la cual se había escrito en el Antiguo Testamento. Léalo para motivarse a sí misma a obedecer, hasta el punto de parecer una fanática. Si lo que usted está haciendo ahora no le parece loco a los demás, necesita volverse más radical en su compromiso con su matrimonio, ¡porque eso es lo que se requiere!

Todos nosotros debemos ser como Pedro en nuestra obediencia. Cada vez que se le pedía que hiciera algo, como permitirle a Jesús que lavara sus pies, ¡lo llevó al extremo! Aún sobreactuó cuando Jesús le pidió que saliera del barco. Él fue el único que siguió a Jesús con semejante celo de compromiso. Aún así, Jesús lo reprendió por su falta de fe. ¿Es usted tibia? "Por tanto, como no eres ni frío ni caliente, sino tibio, estoy por vomitarte de mi boca" Apocalipsis 3:16.

Confíe y crea que Dios es capaz y quiere restaurarla y reedifi carla a usted, a su matrimonio y a su familia. Dios no tiene ninguna otra persona por ahí para usted, ni piensa que usted ha escogida a la persona errónea. "Por ejemplo, la casada está ligada por ley a su esposo sólo mientras éste vive; pero si su esposo muere, ella queda libre de la ley que la unía a su esposo. Por eso, si se casa con otro hombre mientras su esposo vive, se le considera adúltera. Pero si muere su esposo, ella queda libre de esa ley, y no es adúltera, aunque se case con otro hombre" Romanos 7:2–3.

Si está pensando en volverse a casar, esa no es una opción. Ese segundo matrimonio tiene menos del 20% oportunidad de sobrevivir. ¡Usted tendría 8 de 10 probabilidades de sufrir otro doloroso divorcio! Luego le sigue el número tres y el cuatro. Deténgase ahora en cualquier número que se encuentre. ¡Hay una mejor manera!

En lugar de eso, "Pon tu esperanza en el Señor; ten valor, cobra ánimo" Salmo 27:14, Salmo 31:24, Isaías 35:4. "Bríndanos tu ayuda contra el enemigo, pues de nada sirve la ayuda humana. Con Dios obtendremos la victoria; ¡él pisoteará a nuestros enemigos!" Salmo 60:11, Salmo 108:12–13. (Favor de leer el capítulo 11, "Porque yo aborrezco el divorcio" para mayor referencia).

No hable con otros acerca de su situación. Hable con Dios, escudriñe Su Palabra para encontrar la respuesta. "Busquen, y encontrarán" Mateo 7:7, Lucas 11:9. Él es el "Consejero admirable" Isaías 9:6. "No sigue el consejo de los malvados" Salmo 1:1. No le diga a otros sobre su situación: "la desvergonzada es carcoma en los huesos" Proverbios 12:4.

Además, "Su esposo confía plenamente en ella y no necesita de ganancias mal habidas" Proverbios 31:11. Y "Porque por tus palabras se te absolverá, y por tus palabras se te condenará" Mateo 12:37. "El chismoso divide a los buenos amigos" Proverbios 16:28, Proverbios 17:9. (Véase el capítulo 7, "Amabilidad en su lengua" para mayor conocimiento.) Tal conocimiento no es una opción sino es esencial: "pues por falta de conocimiento mi pueblo ha sido destruido" Oseas 4:6.)

Pida a Dios una compañera de oración del sexo femenino quien creerá en Dios para restaurar su matrimonio. ¡¡Manténgase alejada de grupos para solteros!! ¡Usted NO pertenece ahí si desea restaurar su matrimonio! Si va, ¡es indecisa, así que no espere nada de Dios! (Santiago 1:8). Si desea un matrimonio restaurado, no asista a un grupo de recuperación por divorcio ni a ningún otro "grupo de apoyo" ¡que no es más que una fiesta de lástima propia que la anima a dejar el matrimonio atrás! Tiene que escoger si quiere esperanza o terminación para su matrimonio.

En vez de afiliarse a un grupo, le sugerimos fuertemente que ore y pida al Señor por sólo una dama que le ayudará. Lo único que yo tenía era sólo una persona más y el Señor. ¡Lo único que usted necesita es una persona más y al Señor! Usted puede encontrar una dama que entienda por lo que usted está pasando en nuestra página de internet.

¡Deje de pelear con su esposo! Este principio será un factor decisivo para la restauración de su matrimonio. Hay tantas Escrituras sobre este tema, podría escribir páginas y páginas para usted. Aquí están sólo algunas: "Ponte de acuerdo con tu adversario pronto"(Mateo 5:25 VRV). "La respuesta amable calma el enojo, pero la agresiva echa leña al fuego" (Proverbios 15:1). "Iniciar una pelea es romper una represa; vale más retirarse que comenzarla" (Proverbios 17:14). "Hasta un necio pasa por sabio si guarda silencio" (Proverbios 17:28).

"Cuando habla, lo hace con sabiduría; cuando instruye, lo hace con amor" (Proverbios 31:26). "Honroso es al hombre evitar la contienda, pero no hay necio que no inicie un pleito" (Proverbios 20:3). Y "el egoísta busca su propio bien; contra todo sano juicio se rebela" (Proverbio 18:1). ¿Ha sido usted una mujer contenciosa? (Véase el capítulo 6, "Mujer contenciosa" y el capítulo 8 "Ganado sin una palabra" para más información.)

Remueva el odio y el dolor; entonces trate de mirar amorosamente en los ojos de su esposo. "Radiantes están los que a él acuden; jamás su rostro se cubre de vergüenza" (Salmo 34:5). "Porque el que a sí mismo se enaltece, será humillado, y el que se humilla será enaltecido"(Mateo 23:12, Lucas 14:11, Lucas 18:14). Pedro preguntó cuantas veces debería de perdonar a su hermano quien pecó contra él. "¿Hasta siete veces?" sugirió. Pero Jesús respondió, "No te digo que hasta siete veces, sino hasta setenta y siete veces" ¡Eso es 490 veces! (Mateo 18:22) ¿Ha decidido no perdonar a su esposo por lo que le ha hecho a usted y a sus hijos? La falta de perdón es muy peligrosa para usted y para el futuro de su matrimonio. (Para más información léase el capítulo 9, "Un espíritu suave y apacible" bajo la sección "Perdonar")

Debe empezar a ver a su esposo como Dios lo ve. Ore por su esposo, necesita primero perdonarlo y a cualquier persona que esté involucrada con él (amigos, familiares, compañeros de trabajo, y aún a la otra mujer). (De nuevo, véase el capítulo 9, "Un espíritu suave y apacible" bajo la sección "Perdonar" acerca de los peligros de no perdonar.) Entonces usted estará lista para orar por el hombre que Dios quiere que su esposo sea. Deje de ver las cosas malas que él está haciendo. Reemplace eso con pedirle a Dios que le enseñe lo bueno que está haciendo y especialmente lo bueno que ha hecho en el pasado. (Véase el capítulo 7, "Amabilidad en su lengua" bajo la sección "Respetuosa" para más información).

Agradezca a Dios por estas cosas y tome tiempo para agradecer a su esposo cuando le llame o pase por su casa. Si su esposo la ha abandonado, ¡no lo llame! Pero si usted lo abandonó o lo echó de su casa, usted debe llamarlo y pedirle que la perdone. ¡Este punto es crítico! Cuanto más espere, mayor será la posibilidad de adulterio, si no es que ya ha ocurrido. (Por favor, lea los testimonios en nuestra página de internet donde se provee evidencia de cómo estos principios funcionaron en las vidas de mujeres que los siguen.)

Una vez que se ha arrepentido, NO continúe arrepintiéndose. Puede ser contraproducente. Además, ya sea que su esposo acepte su disculpa o no, ese no es el asunto. Usted lo hace por humildad y obediencia a Dios y nada más.

Hable amablemente y amorosamente a su esposo cuando tenga la oportunidad de hablar con él. "Panal de miel son las palabras amables: endulzan la vida y dan salud al cuerpo" (Proverbios 16:24). "Gran remedio es el corazón alegre, pero el ánimo decaído seca los huesos" (Proverbios 17:22, 18:14). No tiene que alegrarse de sus problemas matrimoniales, solo gócese que Dios los tiene todo bajo su control. "Ciertamente, ninguna disciplina, en el momento de recibirla, parece agradable, sino más bien penosa; sin embargo, después produce una cosecha de justicia y paz para quienes han sido entrenados por ella" (Hebreos 12:11).

No escuche chismes o a cualquier persona que trate de darle malas noticias de su marido. "Todo lo disculpa, todo lo cree, todo lo espera, todo lo soporta" (1 Corintios 13:7). Quizá su esposo dice que no está involucrado con nadie más, pero usted SABE que si lo está. Usted debe creerle. No está siendo tonta ni ingenua, está demostrando amor incondicional o agape.

Algunas veces es su familia o sus amigos cercanos quienes tratan de persuadirle para que busque el divorcio o que lo ponga en su lugar por las cosas que ha hecho o está haciendo. Debe separarse a sí misma de aquellos que le desvían de Dios y despiertan su carne y emociones. "Manténte a distancia del necio, pues en sus labios no hallarás conocimiento" (Proverbios 14:7). "El chismoso traiciona la confianza; no te juntes con la gente que habla de más" Proverbios 20:19 ¡Si usted calumnia a su esposo los demás también lo van a hacer! "Al que en secreto calumnie a su prójimo, lo haré callar para siempre… " Salmo 101:5

Puesto que usted va a recibir muchos consejos que son contrarios a la voluntad y Palabra de Dios, ¡no comparta su situación con otros! ¡Finalmente despertará lástima propia o enojo en usted! Estas emociones son de la carne y pelearán contra su espíritu. Dios dice en Gálatas 5:17: "Porque ésta desea lo que es contrario al Espíritu, y el Espíritu desea lo que es contrario a ella. Los dos se oponen entre sí, de modo que ustedes no pueden hacer lo que quieren" Escuchar, discutir o buscar consejería para su situación traerá confusión ya que la mayoría de los cristianos NO CONOCEN verdaderamente la Palabra de Dios y aún pastores lo aconsejarán de manera contraria a la Palabra de Dios. A menos que hayan "caminado por las mismas aguas," ignorarán o reducirán los principios de Dios ¡cuando usted desesperadamente necesita la Palabra de Dios completa sin dobleces para salvar su matrimonio!

NO trate de investigar lo que su esposo está haciendo. Si usted sospecha que hay alguien más o si SABE que alguien más está involucrado con él entonces haga lo que Dios dice: "Pon la mirada en lo que tienes delante; fija la vista en lo que está frente a ti" Proverbios 4:25. "No temerás ningún desastre repentino, ni la desgracia que sobreviene a los impíos. Porque el Señor estará siempre a tu lado y te librará de caer en la trampa" (Proverbio 3:25–26.) Y una vez mas recuerde, el amor "todo lo CREE" (1 Corintios13:7).

¡NO confronte a su esposo o a los otros involucrados! Esa es la red que Satanás ha dejado. Yo, al igual que muchas otras mujeres, caí en la trampa. ¡Tenga cuidado! Puede satisfacer su carne pero las consecuencias la destruirán y así mismo destruirán cualquier sentimiento que su esposo tenga por usted. No hable con la otra mujer por teléfono o en persona ni le mande una carta diciéndole que la perdona. Ese no es Dios. Es el diablo jugando con su justicia propia.

Muy a menudo las mujeres erróneamente piensan que deben confrontar a sus esposos porque ellos no deben salirse con la suya. TODAS las que han confrontado a sus esposos, de ignorancia como yo lo hice o ignorando este libro y mi alerta personal, me han escrito para decirme ¡cuanto se arrepienten de haberlo hecho! ¡TODAS han compartido que resultó en terribles consecuencias! ¡Por favor no sea como Eva que se apresuró e hizo lo que ella sabía que no debía hacer! Una vez que el pecado es destapado, se hará alarde frente a su cara, usted perderá la ventaja que Dios le ha dado como "la esposa de tu juventud" (Proverbios 5:18). Usted debe recordar que, "el amor… todo lo cree… " (1 Corintios 13:6,7).

Debe recordar todo el tiempo que ésta es una guerra"espiritual" Como en toda guerra, es insensato y peligroso dejarle saber al enemigo lo que usted sabe. ¡Ninguna batalla en el Antiguo Testamento se ganó revelando la información obtenida por el Señor! Ni el Nuevo Testamento nos dice que revelemos movimientos enemigos. ¡Al contrario, nos alerta a pelear como si fuera una guerra espiritual! 1 Timoteo 1:18 nos dice que "pelees la buena batalla" "No libramos batallas como lo hace el mundo" (2 Corintios 10:3). Se nos dice "practiquen el dominio propio y manténganse alerta. Su enemigo el diablo ronda como león rugiente, buscando a quien devorar" 1 Pedro 5:8. Su marido y otros están trabajando con el diablo, como sus esclavos, para destruir su matrimonio, su futuro y sus hijos. "¿Acaso no saben ustedes que, cuando se entregan a alguien para obedecerlo, son esclavos de aquel a quien obedecen? Claro que lo son, ya sea del pecado que lleva a la muerte, o de la obediencia que llega a la justicia" Romanos 6:16. Para ganar esta guerra, USTED debe ser esclavo de la justicia—¡¡no lo confronte acerca de su pecado o lo que usted sabe!!

¡NO trate de investigar donde está su esposo. Si él no le ha dado a conocer su paradero! ¡Es de esta manera que Dios la está protegiendo a usted! Guarde silencio, quédese quieta. Métase al clóset donde usted ora y empiece a pelear la batalla a través de la oración, de rodillas ante el Señor. Dios puede cambiar el corazón de su esposo, pero usted lo hará más duro si demuestra desconfianza, sospechas y celos. "En las manos del Señor el corazón del rey es como un río; sigue el curso que el Señor le ha trazado" Proverbios 21:1. La otra mujer entonces parecerá la equivocada, ¡no usted! Todo hombre protege y defiende a la adúltera cuando la esposa ataca verbalmente (o físicamente) a la otra mujer.

No actúe intempestivamente en ninguna decisión. En ese momento usted no está pensando claramente y muy probablemente está actuando por emociones más que con sabiduría. "Mucho yerra quien mucho corre" Proverbios 19:2. "El prudente se fija por dónde va" Proverbios 14:15. "Hay caminos que al hombre le parecen rectos, pero que acaban por ser caminos de muerte" Proverbios 16:25; 14:12. "¿Te has fijado en los que hablan sin penar? ¡Más se puede esperar de un necio que de gente así!" Proverbios 29:20.

"Las suertes se echan sobre la mesa, pero el veredicto proviene del Señor" Proverbios 16:33. "El sabio teme al Señor y se aparta del mal" Proverbios 14:16. No se dé prisa para hacer cambios como asignar un "horario de visitas" No se apresure para obtener el divorcio. Dios dice "aborrezco el divorcio" Malaquías 2:16. No se mude ni abandone su casa: "Como es escandalosa y descarada (una ramera), nunca hallan sus pies reposo en su casa" Proverbios 7:11 ¡No siga el mismo camino de ella!

¿Ha ido a su esposo con sus necesidades, sus temores o sus problemas—todo para finalmente permitirle a él que la defraude a usted? Memorice estas Escrituras: "Así que mi Dios les proveerá de todo lo que necesitan, conforme a las gloriosas riquezas que tiene en Cristo Jesús" Filipenses 4:19. "Pero de una cosa estoy seguro; he de ver la bondad del Señor en esta tierra de los vivientes. Pon tu esperanza en el Señor; ten valor, cobra ánimo; ¡pon tu esperanza en el Señor!" Salmo 27:13–14.

"Cuando el Señor aprueba la conducta de un hombre, hasta con sus enemigos lo reconcilia" Proverbios 16:7. "Se reviste de fuerza y dignidad, y afronta segura el porvenir" Proverbios 31:25. En vez de estar suplicando, tome esta oportunidad para agradecerle a su esposo y para expresar su admiración por la manera en que la ha cuidado en el pasado. Este es el camino de Dios; es llamado contentamiento.

Parte del problema puede ser la carrera profesional que usted desempeña fuera del hogar. Debido a que Dios dijo que esperáramos por las cosas, pero nosotros adelantemos y compramos cosas con tarjeta de crédito, usted tal vez ha "tenido la necesidad de salir a trabajar" Ahora su casa está vacía mientras usted trabaja, sus niños en la guardería y su esposo en su propio apartamento. ¡Satanás es un ladrón!

Pronto perderá la casa por la cual ha trabajado arduamente. Permita que Dios salve su casa, su familia y su matrimonio. (Véase la sección"Sierva de todo" en la lección "Las maneras de su hogar", en el libro "La mujer sabia edifica su casa: escrito por la necia que destruyó la suya con sus propias manos, disponible en inglés).

Nunca busque la ayuda ni el apoyo de su esposo en sus conflictos presentes. No hay mejor manera de alejar a su esposo de usted que diciéndole todo lo malo que sucede en la casa. La razón por la que le abandonó fue para "huir" de los problemas. Él NUNCA regresará a una casa hecha un caos, ni vendrá a su rescate—¡nunca! Un hombre que abandona o se involucra con otra mujer está concentrado en buscar la felicidad. Si usted encuentra ayuda mediante su "relación amorosa" con el Señor como debe de ser, cuando los problemas vengan (¡y vendrán!), ¡entonces su esposo vendrá corriendo para regresar a casa!

¿Alguna vez animó a su esposo a abandonarla? Nosotros, en Restore Ministries (Ministerios de Restauración) hemos visto muchas esposas que han pedido a sus esposos que se vayan o que han sido las primeras en mencionar la palabra "divorcio" durante un arranque de enojo. Cuando usted siembra una mala semilla, no se sorprenda si termina en adulterio. Las palabras tienen más poder de lo que usted cree. "Pero yo les digo que en el día del juicio todos tendrán que dar cuenta de toda palabra ociosa que hayan pronunciado" Mateo 12:36.

Si ya han habido problemas con alcohol, drogas o abuso, ¡no les añada el problema del adulterio! Quizá usted deseaba que él se fuera por causa de su uso de alcohol, drogas o abuso. O quizá uno de ustedes simplemente sintió que ya no amaba al otro. Favor de leer el capítulo 15, "Consuele a aquellos" para más ayuda. ¡Si ya han habido problemas como el alcohol, drogas o abusos, no les añada el adulterio! Los hombres que no viven en su casa son considerados "solteros" (¡aunque no lo son!). La separación es el primer paso para el divorcio. Y el divorcio es un error que cambia la vida. Sólo un número pequeño de personas que se separan vuelven a estar juntos.

La separación de la que se habla en 1 Corintios 7:5 es hecha de mutuo acuerdo Y con el propósito de ayunar y orar. Este versículo confirma esto: "Y si una mujer tiene un esposo que no es creyente, y él consiente en vivir con ella, que no se divorcie de él" 1 Corintios 7:13. Muchas mujeres mayores que son ignorantes y que confían en su propia justicia aconsejan a las mujeres jóvenes que les digan a sus maridos que se vayan de la casa o que no les permitan volver. ¡Esas NO son mujeres piadosas! Las mujeres mayores, como dice Tito 2:4–5, deben enseñar lo que es bueno y animar a las mujeres más jóvenes a "amar a sus esposos y a sus hijos… y sumisas a sus esposos, para que no se hable mal de la palabra de Dios"

Al tomar una decisión de separarse o divorciarse, usted ha escogido destruir no sólo su vida y la vida de su esposo, sino también la vida y el futuro de sus hijos. Sus (futuros) nietos, sus padres y todos sus amigos también sentirán efectos devastadores de esta decisión egoísta, ignorante, e insensata.

Sugiriendo que su esposo le abandone, usted ha tomado el primer paso hacia el divorcio. ¿No es tiempo de volvernos atrás antes de que las cosas avancen? El mundo y Satanás le han convencido de que esta separación o divorcio mejorará las cosas, ¡pero eso es una mentira! Si eso fuera verdad, 8 de 10 personas no se divorciarían en el segundo o subsecuente matrimonio. Una vez más, la Biblia es clara: "Y si una mujer tiene un esposo que no es creyente, y él consiente en vivir con ella, que no se divorcie de él" 1 Corintios 7:13.

Si su esposo le ha abandonado, usted debe dejar de buscarlo, de presionarlo y aún de estar en su camino. Él solamente intentará más duramente de alejarse de usted o de correr hacia el mal. "Dichoso el hombre que no sigue el consejo de los malvados, ni se detiene en la senda de los pecadores ni cultiva la amistad de los blasfemos" Salmo 1:1. El único obstáculo para el camino debe ser "espinos" Oseas 2:6. Usted debe leer el libro de Oseas en su Biblia. Tenemos una oración escrita para que usted memorice basada en los espinos. (Usted la encontrará en el Capítulo 17, "Interponerse en la brecha") Órela diariamente por su esposo.

Muchos ministerios animan a los abandonados a continuar buscando al cónyuge que lo ha abandonado con llamadas telefónicas, cartas, tarjetas, y declaraciones del "pacto matrimonial" ESTO NO ES BÍBLICO y ¡ha causado a muchos llegar a ser abandonados de por vida! La Biblia dice, "Sin embargo, si el cónyuge no creyente decide separase, no se lo impidan. En tales circunstancias, el cónyuge creyente queda sin obligación; Dios nos ha llamado a vivir en paz" 1 Corintios 7:15. Si usted no lo suelta, las fricciones continuarán. "Dichoso el hombre que no sigue el consejo de los malvados, ni se detiene en la senda de los pecadores" Salmo 1:1. Usted debe hacerle saber a su esposo que él es libre de irse (basados en 1 Corintios 7:15). ¡Esto le causará el dejar de correr, de buscar el divorcio, o de meterse en otro matrimonio!

Pero yo ya estoy divorciada. Nunca es demasiado tarde aún si el divorcio ya ha tenido lugar. Muchos se "vuelven a casar" con sus cónyuges anteriores DESPUÉS de que se han divorciado. "No te dejes vencer por el mal; al contrario, vence el mal con el bien" Rom. 12:21.

Dios específicamente le pidió a Su profeta Oseas que se volviera a casar con su esposa Gómer aún después de que ella le había sido descaradamente infiel. "¡Échenle en cara… que ni ella es mi esposa ni yo su esposo… Con ardor perseguirá a sus amantes, y al no encontrarlos dirá: 'Prefiero volver con mi primer esposo, porque antes me iba mejor que ahora" Oseas 2:2,7. "Me habló (a Oseas) una vez más el Señor, y me dijo: Ve y ama a esa mujer adúltera, que es amante de otro" Oseas 3:1. Dios usó la historia de Oseas y Gómer para mostrar Su compromiso con Su propia novia (la iglesia) y Su fuerte posición en el matrimonio.

No permita que sus hijos vean su dolor o enojo hacia su esposo. Esto solamente les causará el tener malos sentimientos hacia su padre. No eche la culpa a su esposo. "La mujer sabia edifica su casa; la necia, con sus manos la destruye" Proverbios 14:1. "En las manos del Señor el corazón del rey es como un río: sigue el curso que el Señor le ha trazado" Proverbios 21:1. Sea cuidadosa hacia dónde inclina el corazón de sus hijos. "Él hará que los padres se reconcilien con sus hijos y los hijos con sus padres, y así no vendré a herir la tierra con destrucción total" Malaquías 4:6. "El orgullo de los hijos son sus padres" Proverbios 17: 6.

El Señor ha permitido estas pruebas en su vida, en la vida de sus hijos, por un tiempo, para acercarla a usted hacia Él, para completar Su obra en todo lo que hay en su vida, y ¡para regresarlos juntos de nuevo para Su Gloria! Cuando no hay nadie alrededor para culpar, usted puede voltear a Dios. ¡Cuando usted está más cerca de Él, Él puede cambiarla a usted más conforme a Su imagen! "Radiantes están los que a él acuden; jamás su rostro se cubre de vergüenza" Salmo 34:5.

No permita que sus hijos hablen mal de su padre. Usted debe demandar respeto hacia su padre (¡sea que tengan 5, 15, o 25 años!). "Honra a tu padre y a tu madre" Éxodo 20:12, Deuteronomio 5:16, Marcos 7:10. De nuevo, recuerde "Él hará que los padres se reconcilien con sus hijos y los hijos con sus padres, y así no vendré a herir la tierra con destrucción total" Malaquías 4:6. (Si usted ha hablado mal de su esposo, primero pida a Dios perdón, después pida perdón a su esposo y finalmente a sus hijos. "Quien encubre su pecado jamás prospera" Proverbios 28:13. Después comience a darle su lugar ante los ojos de sus hijos y ante sus propios ojos. (Vea el capítulo 7 "Amabilidad en su lengua" bajo la sección "Respetuosa," para mayor información).

Recuerde, usted tendrá problemas forzando respeto para su padre, si usted muestra falta de respeto para su esposo.

No permita que sus hijos se vuelvan revoltosos. "El hijo malcriado avergüenza a su madre" Proverbios 29:15. En lugar de permitirles ventilar su enojo, use su tiempo para enseñarles a perdonar y a orar por su padre. Cuando la ira se ha ido, el dolor se habrá ido; luego enséñeles a depender de Dios para su consuelo. Esta escritura le ayudó a mi hijo de (entonces) 5 años de edad cuando él lo memorizó: "Dios ha dicho: Nunca te dejaré; jamás te abandonaré" Hebreos 13:5. Sus hijos están confundidos ahora, así que deles direcciones claras. (Véase la lección"La enseñanzas de su madre" en el libro "La mujer sabia edifica su casa: escrito por la necia que destruyó la suya con sus propias manos)Otra vez, usted tendrá problemas haciendo respetar esto si usted muestra falta de control.

Sea cuidadosa de no escoger el camino "más fácil" Puede parecer ser el camino más fácil, pero al final es el camino con mayor tristeza, pruebas, dificultades, y dolores de corazón de los que usted está experimentando ahora. Nosotros, quienes hemos pasado por matrimonios difíciles, separaciones y/o divorcios, queremos advertirle en contra de cualquier idea, libro y otra gente que la influirá para que ir por el camino del mundo, ¡el cual SIEMPRE termina en desastre! Aunque el mundo lo acepte, nosotros como cristianos sabemos que es el camino ancho hacia la destrucción.

Angosto es el camino que lleva a la vida, ¡y pocos son los que lo hallan! "Entren por la puerta estrecha. Porque es ancha la puerta y espacioso el camino que conduce a la destrucción, y muchos entran por ella. Pero estrecha es la puerta y angosto el camino que conduce a la vida, y son pocos los que la encuentran" Mateo 7:13–14. Usted debe buscar ese camino estrecho en todas sus decisiones, en la manera como habla con otros, y en la manera en que maneja las pruebas que VENDRÁN a su vida ahora y en el futuro.

Por favor, tenga cuidado con lo que lee. Los libros cuyo fundamento está en la filosofía o aquellos escritos por psicólogos o consejeros matrimoniales llenarán su mente con pensamientos destructivos. Tenga cuidado cuando lea libros que tratan tópicos como "amor difícil," "añadiendo sabor a su matrimonio," y "codependencia" Hemos visto el daño que esas ideas han hecho a matrimonios y a las mujeres que los han leído en su desesperación.

Mire a Dios y a aquellos "del mismo parecer". Para animarle a mantenerse en su matrimonio. Por favor vaya al Consejero (la Palabra de Dios) la cual es gratis y le ahorrará dinero y salvará su matrimonio. Manténgase alejada de los "profesionales" Cada profesional tiene su propio camino y creencias. Hay millones de consejeros matrimoniales tanto cristianos como seculares y libros acerca de problemas matrimoniales. Si ellos supieran todas las respuestas, ¿por qué hay una epidemia de divorcios, especialmente en la iglesia?

¿Por dónde comienza?. ¿Qué debe hacer usted? Comience a mover su casa derrumbada hacia la roca. "Por tanto, todo el que me oye estas palabras y las pone en práctica es como un hombre prudente que construyó su casa sobre la roca. Cayeron las lluvias, crecieron los ríos, y soplaron los vientos y azotaron aquella casa; con todo, la casa no se derrumbó porque estaba cimentada sobre la roca" Mateo 7:24–25. "La mujer sabia edifica su casa; la necia, con sus manos la destruye" Proverbios 14:1. "Con sabiduría se construye la casa; con inteligencia se echan los cimientos. Con buen juicio se llenan sus cuartos de bellos y extraordinarios tesoros" Proverbios 24:3–4.

Alabe a Dios en TODAS las cosas. "Así que ofrezcamos continuamente a Dios, por medio de Jesucristo, un sacrificio de alabanza, es decir, el fruto de los labios que confiesan su nombre" Hebreos 13:15. "Alégrense siempre en el Señor. Insisto: ¡alégrense!" Filipenses 4:4.

Aprenda a realmente orar. "Yo he buscado entre ellos a alguien que se interponga entre mi pueblo y yo, y saque la cara por él para que yo no lo destruya. ¡Y yo no lo he hallado!" Ezequiel 22:30. El ponerse en la brecha NO significa ponerse en el camino.

Lleve todo pensamiento cautivo. "Destruimos argumentos y toda altivez que se levanta contra el conocimiento de Dios, y llevamos cautivo todo pensamiento para que se someta a Cristo" 2 Corintios 10:5.

Comience a renovar su mente para ser como la de Cristo y para mirar su situación como Dios la ve, desde arriba. Consiga un Libro de Promesas Bíblicas en su librería cristiana local y póngalo en su baño. Muchas mujeres lo usan como un clóset de oración cuando tienen hijos o esposos en la casa. Es un lugar de refugio y usted puede escudriñar Sus promesas para usted.

Consiga tarjetas de 3X5 y escriba en ellas diferentes versículos bíblicos que usted puede usar para renovar su mente, para luchar en el Espíritu (la espada del Espíritu es la Palabra de Dios), o para correr a ellas cuando usted experimente un ataque de miedo, duda o mentiras. Manténgalas con usted y léalas una y otra vez. Deje de platicar mucho acerca de sus problemas; escuche a Dios y lea Su Palabra. El Salmo 1:2–3 le da una promesa: "Sino que en la ley del Señor se deleita, y día y noche medita en ella. Es como el árbol plantado a la orilla de un río que, cuando llega su tiempo, da fruto y sus hojas jamás se marchitan. ¡Todo cuanto hace prospera!" Hablando de manera práctica, si usted lee y relee este libro hasta el punto de gastarlo o toma el tiempo de hacer tarjetas de 3X5 con las Escrituras que usted necesita, usted no puede evitar el meditar en Su Palabra. Casi todas las mujeres que he conocido quienes tienen un matrimonio restaurado hicieron una o las dos cosas.

¡Ningún matrimonio ha ido demasiado lejos! "Para los hombres es imposible…mas para Dios todo es posible" Mateo 19:26. De nuevo recuerde que no es verdad que usted y su esposo, juntos, deben buscar ayuda para cambiar el matrimonio. Hemos visto los buenos "frutos" de mujeres que le han pedido a Dios que cambie los corazones de sus esposos, para trabajar en ellos, y Dios ha sido fiel. (Vea "frutos" Mateo 7:16, 20). "¿Por qué te fijas en la astilla que tiene tu hermano en el ojo, y no le das importancia a la viga que está en el tuyo? ¿Cómo puedes decirle a tu hermano: 'Déjame sacarte la astilla del ojo', cuando ahí tienes una viga en el tuyo? ¡Hipócrita!, saca primero la viga de tu propio ojo, y entonces verás con claridad para sacar la astilla del ojo de tu hermano" Mateo 7:3–5, Lucas 6:41. Oramos lo mismo para usted, que usted vea claramente cómo ayudar a su esposo conforme su propia visión espiritual se vuelve más clara.

¿Por cuánto tiempo? Muchas mujeres me preguntan "por cuánto tiempo" su marido estará lejos o "por cuánto tiempo" la prueba continuará. Puede ayudarle el pensar en esto como un viaje. Cuánto tarde, a menudo depende de usted. Conforme el Señor le muestre un área en la que Él está trabajando, trabaje "con Él" Muchas veces nos despistamos con la vida diaria. Esto también es una batalla espiritual, con Satanás trayendo "los afanes del mundo" para obstaculizar la Palabra. Satanás también trae situaciones, emergencias y otras crisis que desvían su atención de nuestro destino – ¡nuestra familia restaurada!

Muy a menudo nuestro viaje parece que se ha "estancado" Cuanto mayor el estancamiento, más conformes estaremos con la situación de la manera como está. Esto no significa que podemos hacer que Dios haga las cosas adelantadas a Su tiempo, que no tenemos que aprender a contentarnos, o que cuando Dios dice "espera" tenemos el poder de apresurar las cosas. Sin embargo, muchas veces Satanás nos engaña para cuestionar si debemos tomar el siguiente paso de obediencia. Si usted estuviera en un viaje y usted se detuviera después de avanzar sólo algunas millas para revisar su mapa o para llamar a la persona que le dio las instrucciones para llegar, o si usted siguiera regresándose y pensando que usted ya se pasó del punto donde debía haber dado vuelta, le tomaría mucho más tiempo el alcanzar su destino. Sólo tome el siguiente paso de obediencia.

Cuando usted se cansa de "esperar," no se descorazone. Este es el tiempo que nuestro Señor está usando para que nuestra fe sea estirada y para enfocar nuestra atención en Dios trabajando en nuestras vidas. Todo lo que se requiere es nuestra obediencia, la cual liberará poder espiritual para trabajar a nuestro favor. No es necesario que Dios nos dé una explicación detallada de lo que Él está haciendo. Sabemos que Él llevará a cabo sus propósitos a través de lo que suceda aún cuando hayamos cometido un error. Debemos creer que Él está trabajando con personas y situaciones y arreglando circunstancias en Su bondad para con nosotros.

¡Hay mas ayuda!

AyudaMatrimonial.com

Estamos ansiosos de tener la oportunidad de ayudarle. Hasta entonces, déjeme orar por usted ahora…

"Querido Dios, por favor guía a esta hermana tan especial durante los problemas en su matrimonio. Ya sea que se desvíe a la derecha o a la izquierda, entonces sus oídos percibirán a sus espaldas una voz que le dirá: este es el camino; síguelo (Isaías 30:21).

"Por favor, asegúrala cuando ella vea a miles caer a su derecha y diez mil a su izquierda; ayúdala a saber que si ella te sigue a Ti, no le afectará a ella. (Salmo 91:7) Escóndela debajo de tus alas protectoras.

"Ayúdala a encontrar el camino estrecho que la lleva a la vida, la vida abundante que Tú tienes para ella y para su familia. Señor, oro para tener un testimonio cuando este matrimonio con problemas o roto sea sanado y restaurado ¡para que Tú lo puedas usar para tu gloria! Te daremos a Ti todo el honor y la gloria. Amén."

Capítulo 2

El Alfarero y el Barro

"...nosotros somos el barro, y tú el alfarero.
Todos somos obra de tu mano."
Isaías 64:8

Cuando estamos pasando por una crisis matrimonial es muy fácil enfocarse en lo que nuestros maridos nos están haciendo. Sin embargo, mientras usted haga esto, usted tendrá conflicto y nunca llegará a la victoria. Nosotros aprenderemos que nuestros maridos no son el enemigo en "Ganado sin Palabra"

Vamos a aprender en este capítulo que Dios muchas veces no está cambiando la conducta de nuestros esposos porque Dios está usando las cosas que nuestros esposos están haciendo como la rueda del Alfarero y Sus manos para moldearnos más a Su imagen. No obstante, nosotros nos quejamos porque nosotros preferiríamos que Él usara algo o a alguien más, menos a nuestros esposos y nuestros matrimonios como su rueda.

¿Pelea con su Hacedor? "¡Ay del que contiende con su Hacedor! ¡Ay del que no es más que un tiesto entre los tiestos de la tierra! ¿Acaso el barro le reclama al alfarero: «¡Fíjate en lo que haces! ¡Tu vasija no tiene agarraderas!»?" Isaías 45:9. Deje a Dios ser Dios. En lugar de quejarse acerca de "cómo" o "a quién" Él usa para instarnos hasta que finalmente buscamos a Dios para que nos cambie, ¡adore a Dios por su fidelidad! Él ha determinado crear en usted un hermoso vaso listo para Su uso.

Hasta que le plazca al Alfarero. "Pero la vasija que estaba modelando se le deshizo en las manos; así que volvió a hacer otra vasija, hasta que le pareció que le había quedado bien" Jeremías 18:4. Dios ha creado a cada persona para Su placer y para Su propósito. ¿Está usted amargada al respecto de su situación, su marido, sus padres, o Dios? Permita que Dios remueva los recuerdos de amargura que están causando que usted (el barro) se "eche a perder" en las manos del Alfarero.

Pero usted no entiende. Muchas mujeres me dicen conforme intento consolarlas o animarlas que yo "¡simplemente no entiendo!" En muchas maneras yo sí entiendo, aunque tienen razón de que nadie sino Jesús realmente entiende. "¿Acaso el alfarero es igual al barro? ¿Acaso le dirá el objeto al que lo modeló: «él no me hizo»? ¿Puede la vasija decir del alfarero: «él no entiende nada»?" Isaías 29:16. Platique con Él acerca de su situación y permítale que le dé paz. Él sabe lo que es mejor para usted, así que trabaje junto a Él.

Usted está en sus manos. "Pueblo de Israel, ¿Acaso no puedo hacer con ustedes lo mismo que hace este alfarero con el barro? –afirma el Señor–. Ustedes, pueblo de Israel, son en mis manos como el barro en las manos del alfarero" Jeremías 18:6. ¿No es un gran consuelo el saber que usted está en las manos de Dios? Aunque su esposo pueda decirle que a él no le importa, o si la trata como si no le importara, a su Señor sí le importa usted. Mi esposo, Dan, comparte en el video 4 la verdad acerca de lo que su esposo está realmente pensando o sintiendo.

Sólo los humildes

Humíllese a sí misma. "Si mi pueblo, que lleva mi nombre, se humilla… " 2 Crónicas 7:14. Gente altiva y con deseos de satisfacer su voluntad propia no entienden la Palabra sin el Espíritu; para conocer la mente de Dios, ¡necesitamos humildad!

La humildad será probada. "… y te humilló y te puso a prueba para conocer lo que había en tu corazón y ver si cumplirías o no sus mandamientos" Deuteronomio 8:2.

La humildad la salvará a usted. "Porque Dios humilla a los altaneros, y exalta a los humildes" Job 22:29.

La humildad fortalecerá su corazón. "Tú, Señor, escuchas la petición de los indefensos, les infundes aliento y atiendes a su clamor" Salmo 10:17.

Sólo el humilde será exaltado. "De sus tronos derrocó a los poderosos, mientras que ha exaltado a los humildes" Lucas 1:52.

Sólo a los humildes se les dará la gracia que necesitan. "Pero él nos da mayor ayuda con su gracia. Por eso dice la Escritura: «Dios se opone a los orgullosos, pero da gracia a los humildes.» Humíllense delante del Señor, y él los exaltará" Santiago 4:6,10.

La humildad tiene sus raíces en el Espíritu. "En fin, vivan en armonía los unos con los otros; compartan penas y alegrías, practiquen el amor fraternal, sean compasivos y humildes" 1 Pedro 3:8. Sin embargo, la falsa humildad será manifestada como justicia propia.

Arrogancia espiritual. Más de la mitad de los que vienen a nuestro ministerio por ayuda para restaurar sus matrimonios exhiben arrogancia espiritual o justicia propia. Esto es a lo que yo me refiero como espíritu de fariseo. Damas, esto es muy peligroso. Esto IMPEDIRÁ que Dios se mueva en sus matrimonios hacia la restauración y es lo que realmente está alejando a sus maridos.

Dios me mostró, en Su Palabra, que Jesús era áspero, crítico y se oponía a solamente un grupo de individuos—¡los fariseos! ¡Y yo era uno de ellos! Hay tantas mujeres cristianas que fingen ser espirituales en el exterior pero son inmundas en el interior. Hay tantas mujeres que miran los pecados de sus maridos pero se olvidan de mirar la viga en sus propios ojos. Damas, ¡esa era yo! Yo veía a mi esposo, y SU pecado de adulterio. Sin embargo, nadie podía ver mi contención, mi engaño, o mi arrogancia espiritual.

Otros me veían (y yo me veía a mí misma) como la "pobre víctima" quien había sido abandonada y a quien habían engañado. Pero yo, en mi justicia propia, estaba dispuesta a perdonar. Yo era quien estaba desesperadamente tratando de sostener unida a mi destruida familia. ¡Yo era la que estaba esperando, con los brazos abiertos, para perdonar a mi esposo, "el pecador," cuando él recobrara el sentido, arrepintiéndose y regresando a la casa desde el campo lejano donde estaba! ¡Escriba, farisea, "sepulcro blanqueado"!

Si usted se puede identificar con esta manera de pensar pecadora y orgullosa, yo fuertemente le quiero instar a que incline su cabeza delante de Dios y le pida que le limpie de toda esta actitud que no solamente inhibirá la restauración sino que además le pondrá a usted en oposición a una relación con Dios íntima y sincera.

Camine en el Espíritu

Camine en el Espíritu. El ser llena del Espíritu Santo le permitirá a usted caminar en el Espíritu, no en el pecado o en los deseos de la carne. Pida a Dios que la LLENE con su Espíritu Santo ¡ahora mismo! "Infundiré mi Espíritu en ustedes, y haré que sigan mis preceptos y obedezcan mis leyes" Ezequiel 36:27.

Camine por el Espíritu. "Así que les digo: Vivan por Espíritu. Y no seguirán los deseos de la naturaleza pecaminos" Gálatas 5:16.

Ore. "Si mi pueblo, que lleva mi nombre, se humilla y ora… " 2 Crónicas 7:14. En um grupo de Ministerios de Restauración, todas las mujeres cuyos esposos han estado con otra mujer (OM) oraron para que sus "vientres fueran cerrados" Todos fueron cerrados, excepto uno. Dios usó a este hijo como la herramienta para restaurar a esa familia.

Siempre podemos confiar en que Dios hará que todo sea para nuestro bien si "sabemos que Dios dispone todas las cosas para el bien de quienes lo aman, los que han sido llamados de acuerdo con su propósito" Romanos 8:28.

¿Qué "condición" se necesita para ser escuchada?

CONFORME SUS DESEOS A SU VOLUNTAD. La promesa de Jesús está basada en esta condición: "Si permanecen en mí y mis palabras permanecen en ustedes, pidan lo que quieran, y se les concederá" Juan 15:7. Cuando su corazón descansa en Jesús solamente y su voluntad está centrada en Su voluntad, usted está verdaderamente haciéndolo a Él su Señor. Y saber Su voluntad es saber Su Palabra. Es Su voluntad que su matrimonio sea sanado. Él odia el divorcio y desea que seamos reconciliados; sin embargo, Él tiene condiciones.

La condición de la bendición. Cada promesa dada por Dios tiene una condición para esa bendición. Muchos reclamarán una porción de la Escritura, pero al mismo tiempo omitirán las condiciones o las pasarán por alto.

• **Condición:** "Cree en el Señor Jesús…
Promesa: y serán salvos" Hechos 16:31.

• **Condición:** "Deléitate en el Señor…
Promesa: y él te concederá los deseos de tu corazón" Salmo 37:4.

• **Condición:** "Instruye al niño en el camino correcto…
Promesa: y aún en su vejez no lo abandonará" Proverbios 22:6.

• **Condición:** Primero para "quienes lo aman (a Dios)…," y en segundo lugar a "los que han sido llamados de acuerdo con su propósito".
Promesa: "…sabemos que Dios dispone todas las cosas para el bien" Romanos 8:28.

¡Mire a Él y sea radiante!

Ellos… fueron radiantes. "Radiantes están los que a Él acuden; jamás su rostro se cubre de vergüenza" Salmo 34:5. ¡Busque su rostro!

Buscad Mi rostro. "Si mi pueblo, que lleva mi nombre, se humilla y ora, y me busca… " 2 Crónicas 7:14. "¡Refúgiense en el Señor y en su fuerza, busquen siempre su presencia!" 1 Crónicas 16:11. "Buscarán ganarse mi favor; angustiados, me buscarán con ansias" Oseas 5:15.

Abandone su mala conducta

Abandone su mala conducta. "Si mi pueblo, que lleva mi nombre, se humilla y ora, y me busca, y abandona su mala conducta…" 2 Crónicas 7:14. Las Escrituras no son sólo para la cabeza; son para el corazón y la voluntad. Para tener el impacto real de la Escritura, debemos rendir nuestras vidas y nuestras voluntades a la dirección del Espíritu. Debemos estar dispuestos a ser hechos de nuevo. Debemos rendirnos a Él.

¿A quién oye el Señor? "Los ojos del Señor están sobre los justos, y sus oídos, atentos a sus oraciones" Salmo 34:15. "Los justos claman, y el Señor los oye; los libra de todas sus angustias" Salmo 34:17.

¿A quiénes no contesta? Cuando usted está en pecado, Él no contestará, ni aún cuando clame y llore ante Dios. "Ya le pedirán auxilio al Señor, pero Él no les responderá; esconderá de ellos su rostro, porque hicieron lo malo" Miqueas 3:4.

Todos hemos pecado. Todos hemos pecado y sido hallados faltos delante de la gloria de Dios; pero Dios envió a Su Hijo. "Cuando Dios resucitó a su siervo, lo envió primero a ustedes para darles la bendición de que cada uno se convierta de sus maldades" Hechos. 3:26.

Obedecer es mejor que sacrificar. "¿Qué le agrada más al Señor: que se le ofrezcan holocaustos y sacrificios, o que se obedezca lo que él dice?" 1 Samuel 15:22. ¿Sabe qué es lo correcto por hacer, ¡pero no lo hace!? ¡Obedezca! "Así que comete pecado todo el que sabe hacer el bien y no lo hace" Santiago 4:17.

Comience a orar el Salmo 51:2–4. "Lávame de toda mi maldad y límpiame de mi pecado. Yo reconozco mis transgresiones; siempre tengo presente mi pecado. Contra ti he pecado, sólo contra ti, y he hecho lo que es malo ante tus ojos; por eso, tu sentencia es justa, y tu juicio, irreprochable"

Sus lágrimas son preciosas para Él

¿Ante quién lloramos? Los hombres parecen odiar nuestras lágrimas. ¿Es acaso porque ellos no saben qué hacer cuando una mujer llora, o porque las mujeres han usado las lágrimas para manipularlos, tanto para que ellos se alejen? El hecho de que Dios es un Dios celoso y que aquellas lágrimas le pertenecen a Él puede ser la razón que explica la indiferencia de nuestros esposos, a veces, hacia nuestras lágrimas. "Llamarás, y el Señor responderá; pedirás ayuda, y él dirá: '¡Aquí estoy!'" Isaías 58:9. "No dejes de clamar al Señor por nosotros… " 1 Samuel 7:8.

Esta victoria puede tomar más tiempo para ser manifestada en la carne. Esperamos las cosas que no se ven. Esto necesitará nuestra fe en Dios. Llore delante de Él solamente, ¡no delante de su esposo! ¡Sólo Dios tiene el poder de cambiar su situación!

Mis lágrimas. "Cansado estoy de sollozar; toda la noche inundo de lágrimas mi cama, ¡mi lecho empapo con mi llanto!" Salmo 6:6. "Mis lágrimas son mi pan de día y de noche" Salmo 42:3. "Toma en cuenta mis lamentos; registra mi llanto en tu libro. ¿Acaso no lo tienes anotado?" Salmo 56:8. "El que con lágrimas siembra, con regocijo cosecha" Salmo 126:5. "Ahora bien —afirma el Señor—, vuélvanse a mí de todo corazón, con ayuno, llantos y lamentos" Joel 2:12. Para encontrar un más grandioso caminar e intimidad con el Señor, visite nuestra página de internet temprano en la mañana para leer nuestro Devocional Diario que está escrito especialmente para aquéllas en crisis matrimonial.

Moje Sus pies. María Magdalena fue elogiada por Jesús por sus lágrimas. "Llorando, se arrojó a los pies de Jesús, de manera que se los bañaba en lágrimas. Luego se los secó con los cabellos; también se los besaba y se los ungía con el perfume… 'ella me ha bañado los pies en lágrimas y me los ha secado con sus cabellos'" Lucas 7:38,44.

Lágrimas, clamor y gemidos. Usted debe encontrar y escribir las Escrituras que le ayudarán a entender la sentida sinceridad necesaria cuando clamamos a Dios (especialmente por la salvación de nuestros esposos o por un matrimonio en problemas o destrozado). Conforme usted las lea, marque aquéllas que mueven su corazón y memorícelas durante el tiempo de oración, de rodillas, delante del Señor. Debemos orar, clamar a Dios.

Compromiso personal: Permitir a Dios que me cambie. "Basada en lo que he aprendido de la Palabra de Dios, me comprometo a permitir a Dios que me cambie a través de cualquier medio o a través de cualquier persona que Él escoja. Yo enfocaré mi atención en cambiarme a mí misma en lugar de cambiar a mi esposo o a otros alrededor de mí."

Fecha:_____Firma:_____

──── Capítulo 3 ────

Tenga Fe

"Tengan fe en Dios… respondió Jesús."
Marcos 11:22

¿Tiene usted fe o miedo?

El miedo será uno de los mayores ataques que usted necesitará vencer. Romanos 12:21 nos dice: "No te dejes vencer por el mal; al contrario, vence el mal con el bien" El miedo robará su fe y le volverá totalmente vulnerable frente al enemigo. Cuando usted escuche todo lo que otros le dicen acerca de lo que su esposo está haciendo o no está haciendo, en lugar de mantener sus ojos en el Señor y en Su Palabra, usted dejará de enfocarse en Él y ¡usted comenzará a hundirse!

Y usted siempre debe decir la "verdad" a todos acerca de su fe en la habilidad de Dios y en Su deseo de restaurar su matrimonio. De nuevo, lea los testimonios de matrimonios restaurados; ¡entonces CREA que el suyo se añadirá a los de ellos!

Un ejemplo de fe, Pedro. Lea lo que se dice de Pedro en Mateo 14 comenzando en el versículo 22. Jesús le pidió a Pedro que caminara en el agua. Si Él le estuviera pidiendo a usted que caminara en agua, ¿se saldría usted del bote? Mire a Pedro cuando clama a Jesús — siempre está seguido de la palabra inmediatamente. Inmediatamente, Jesús les habló y les dijo que tuvieran ánimo. Luego, después cuando Pedro comenzó a hundirse él clamó al Señor, "en seguida Jesús le tendió la mano, sujetándolo…" Mateo 14:31.

Miedo. Una pregunta que debemos preguntarnos a nosotros mismos es ¿por qué se hundió Pedro? "Pero al sentir el viento fuerte, tuvo miedo" Si usted mira su situación y la batalla que está arreciando delante de usted, ¡usted se hundirá! ¡Pedro quitó sus ojos de ver al Señor y el resultado fue el miedo! Dice que él "tuvo miedo" Si usted quita su mirada del Señor, usted va a tener miedo.

En lugar de esto, mire a Jesús y LEVÁNTESE por encima de su tormenta. Cuando usted está en un avión en medio de una tormenta, hay mucha turbulencia cuando el avión se está elevando por encima de las nubes. Pero una vez que el avión está sobre esas nubes negras, el vuelo está suave, el sol está brillando y ¡usted casi puede ver y sentir a Dios ahí! Asombrosamente, desde ese punto de vista ¡las nubes debajo son blancas y suaves!

Su testimonio. Otro punto muy importante es el ver qué les pasó a los otros que estaban en la barca. (¿Se le olvidó que había otros que no se salieron de la barca?) Dice, "Y los que estaban en la barca lo adoraron diciendo: Verdaderamente tú eres el Hijo de Dios" Mateo 14:33. ¿Está dispuesta a permitirle a Dios que la use para mostrar Su bondad, Su misericordia, Su protección, y para acercar a otros hacia Él? ¡Hay un gran galardón! Esto es evangelismo. Otros vendrán a usted cuando ellos están teniendo problemas porque ellos han visto su paz a pesar de las circunstancias.

Vencer

El viento se detuvo. "Cuando subieron a la barca, se calmó el viento" Mateo 14:32. Su batalla no va a continuar para siempre. Esta prueba era necesaria para hacer a Pedro lo suficientemente fuerte para ser la "Roca" de la que Jesús había hablado (Mateo 16:18). Satanás (y otros trabajando para él) le dirán que usted seguirá en la prueba a menos que usted se salga, o que ceda y se dé por vencida.

Dios nunca tuvo en mente que nos quedáramos en "el valle de sombra de muerte" En el Salmo 23 dice que vamos "por el valle de sombra de muerte" Satanás nos quiere que pensemos que ¡Dios quiere que vivimos ahí! ¡Él quiere pintar una imagen desesperanzada! Dios es nuestra esperanza, y la esperanza es la fe en Su Palabra que ha sido sembrada en nuestro corazón.

Fe

Abraham. Un segundo ejemplo es cuando Abraham tenía 90 años de edad y todavía no tenía el hijo que Dios le había prometido. Dice "Contra toda esperanza" Romanos 4:18. ¿No es eso bueno? Aún cuando la esperanza se había ido, él continuó creyendo en Dios y esperando en la Palabra que le había sido dada. Nosotros debemos hacer lo mismo.

Actúe en la fe que usted tiene. "Porque ustedes tienen tan poca fe, les respondió. Les aseguro que si tienen fe tan pequeña como un grano de mostaza, podrán decirle a esta montaña: 'Trasládate de aquí para allá', y se trasladará. Para ustedes nada será imposible" Mateo 17:20.

Si usted carece de fe. Si a usted le falta fe, usted debe pedirla a Dios. Hay una batalla, aún para nuestra fe. "Pelea la buena batalla de la fe… " 1 Timoteo 6 12. Y "He peleado la buena batalla, he terminado la carrera, me he mantenido en la fe" 2 Timoteo 4:7. "En efecto, no pudo hacer allí ningún milagro, excepto sanar a unos pocos enfermos al imponerles las manos. Y él se quedó asombrado por la incredulidad de ellos" Marcos 6:5. Cuando el Señor imponga Sus manos en usted y en su matrimonio, ¿se asombrará al encontrar SU incredulidad?

Imitadores de fe. Nosotros haríamos bien en imitar a aquellos en la Escritura que exhibieron fe (usted puede encontrar el Salón de la Fe en Hebreos capítulo 11). Necesitamos actuar en las promesas de Dios. "Más bien, imiten a quienes por su fe y paciencia heredan las promesas" Hebreos 6:12. Hay muchas mujeres que han seguido los principios encontrados en este libro quienes han tenido victoria sobre matrimonios en problemas o aún desbaratados. Sus testimonios le animarán en su fe. Como dice la canción, "¡Lo que Él ha hecho por otros, Él lo hará por usted!" Lea los increíbles testimonios de matrimonios que Dios restauró en nuestra página de internet en: www.Ayudamatrimonial.com.

La duda destruye

Indecisa o dudosa. Usted no debe ser indecisa. Su mente no debe oscilar o dudar a Dios. "Pero que pida con fe, sin dudar, porque quien duda es como las olas del mar, agitadas y llevadas de un lado a otro por el viento. Quien es así no piense que va a recibir cosa alguna del Señor; es indeciso e inconstante en todo lo que hace" Santiago 1:6–8. "Aborrezco a los hipócritas, pero amo tu ley" Salmo 119:113.

Si usted tiene problemas con la indecisión, usted necesita leer y meditar en la Palabra de Dios, ¡la cual es la única verdad! Usted DEBE además separarse de CUALQUIER PERSONA que continúa diciéndole algo contrario a su deseo de restaurar su matrimonio. Y usted debe hablar la "verdad" a todas las personas siempre acerca de su creencia en la capacidad de Dios para restaurar su matrimonio y acerca de su deseo de que así sea.

Fe sin obras. "Sin embargo, alguien dirá: 'Tú tienes fe, y yo tengo obras.' Pues bien, muéstrame tu fe sin las obras, y yo te mostraré la fe por mis obras" Santiago 2:18–19. Muéstrele a otros que usted tiene fe mediante sus obras. Si usted cree que su esposo regresará a la casa, actúe de esa manera. Deje su lado del clóset vacío, su lado de la cama vacío, sus cajones vacíos y ¡ASEGÚRESE de usar el anillo de matrimonio! "¿Quieres convencerte de que la fe sin obras es estéril?" Santiago 2:20. Si usted cree que lo que usted esté pidiendo en oración va a suceder, ¡comience tratando a esa persona como si estuviera cambiada!

No se adelante a Dios. No se mude. No compre una casa pensando que es para usted y su esposo cuando regrese a la casa. En lugar de eso, espere en este lado del Jordán. ¡No entre a la Tierra Prometida sin su esposo!

Firme en su fe. Recuérdese a sí misma de aquellos que vencieron y por eso recibieron la abundante vida que Dios prometió. "Resístanlo, manteniéndose firmes en la fe, sabiendo que sus hermanos en todo el mundo están soportando la misma clase de sufrimientos" 1 Pedro 5:9.

Lea y vuelva a leer los testimonios en nuestra página de internet para que se mantengan frescos en su mente todos aquellos que creyeron en Dios y nunca se rindieron. Imprímalos y compártalos con su familia y amigos que dudan que su matrimonio puede ser salvado o que su esposo puede ser cambiado por Dios.

Cómo incrementar su fe

Fe. Lea acerca de diferentes situaciones difíciles en la Biblia e identifique su situación con la de ellos. Lea cómo Jesús calmó las olas del mar, para aprender Su gran poder (Marcos 4:39) Luego lea cómo Él alimentó a los cinco mil con cinco panes y dos pequeños pescados, para conocer que Él puede hacer mucho de poco (Juan 6:1–15). Lea cómo Jesús limpió a los leprosos (Lucas 17:11–17), sanó a los enfermos, abrió los ojos de los ciegos (Juan 9:1–41), y perdonó a la mujer pecadora (Juan 8:3–11), para que usted nunca dude de Su misericordia para usted y su situación. Lea los testimonios de los matrimonios restaurados en nuestra página de internet. ¡Entonces CREA que el suyo será añadido al de ellos!

La Palabra. ¿Cómo podemos adquirir fe, o incrementar nuestra fe? "Así que la fe viene como resultado de oír el mensaje, y el mensaje que se oye es la palabra de Cristo" Romanos 10:17. Lea Su Palabra y los testimonios de otros. Rodéese por mujeres fieles que creerán en usted. Aquéllas que se han mantenido en Dios le enseñarán y lc sostendrán a usted. Muchas veces nosotros descubrimos que cuando usted se siente como si ya casi se le hubiera acabado la fe, usted debe compartir la poca que le queda. Llame a alguien que usted siente necesita un poco de ánimo y dele el resto de su fe. Usted colgará el teléfono regocijándose porque Dios le llenará completamente de fe. Lea 1 Reyes 17:12–15 para recordar a la viuda que dio su última torta a Elías y ¡el milagro que ella recibió!

Muchos vienen a nosotros por ayuda y no cosechan un matrimonio restaurado porque ellos sienten que no son capaces de sembrar en la vida de nadie mientras están luchando para salvar su propio matrimonio. Esto no es bíblico y es contrario a los principios de Dios. Consígase una compañera a quien animar y ayúdela a restaurar su matrimonio. O comience un Curso de Ánimo en su casa o iglesia si usted es el tipo de líder. Dios me usó a mí y a otras poderosamente conforme ministramos a otras en nuestro dolor y carencia— y ¡Dios bendijo nuestros esfuerzos con matrimonios restaurados!

Obediencia. No olvide que la obediencia a Dios es de importancia suprema para la victoria. No olvide que Jesús dijo: "No todo el que me dice: 'Señor, Señor', entrará en el reino de los cielos, sino sólo el que hace la voluntad de mi Padre que está en el cielo. Entonces les diré claramente: 'Jamás los conocí. ¡ALÉJENSE DE MÍ, HACEDORES DE MALDAD!" Mateo 7:21,23. Si usted "practica" o continúa haciendo lo que usted sabe que es contrario a los principios bíblicos encontrados en este libro—¡su matrimonio NO será restaurado!

En la voluntad de Dios. Si su corazón lo condena de que no está en la voluntad de Dios y de que usted no está siguiendo Sus principios en este libro, entonces por supuesto que usted no tendrá confianza ni fe para recibir la respuesta a su petición de parte de Dios. Pida a Dios que le "quebrante" para que su voluntad llegue a ser la voluntad de Él.

Usted DEBE esperar

Espere. Muchas veces la batalla continuará arreciando en su defensa. Usted también debe recordar que pueden haber "batallas" que deben ser peleadas (y ganadas) en la guerra contra su matrimonio. Sólo recuerde, "Cuando la batalla es del Señor, ¡la victoria es nuestra!"

Justo como sucede con las guerras reales, no todas las batallas son ganadas por el mismo bando, así que no se desanime si usted ha faltado o ha cometido errores. Tenemos el consuelo de saber que Él nos escucha inmediatamente, pero la respuesta puede parecer lenta.

En el libro de Daniel, un ángel le habló y nos dió estos conocimientos profundos: "Tu petición fue escuchada desde el primer día en que te propusiste ganar entendimiento y humillarte ante tu Dios. En respuesta a ella estoy aquí. Durante veintiún días el príncipe de Persia se me opuso…" Daniel 10:12–13. Puede llevar mucho tiempo el ganar las batallas, así que no se desespere. "Ustedes, hermanos, no se cansen de hacer el bien" 2 Tesalonicenses 3:13.

En Su tiempo. Una cosa que usted también debe entender es que Dios parece trabajar en UNA cosa a la vez. Debemos trabajar con Él en Su tiempo. Esto no significa que necesitamos esperar para orar; sólo significa que necesitamos esperar para que Dios cambie la situación en el tiempo apropiado. ¡Gracias a Dios que Él no descarga (mediante convencimiento de pecado) todos mis pecados sobre mí de una sola vez! Sólo use el tiempo mientras espera para orar.

Nota: Si usted todavía está irritada por lo que su esposo dice, hace o no hace (o peor aún, usted se enoja), el enojo es una condición de un corazón mortal, que se muestra en las pruebas.

Compromiso personal: permitir a Dios que me cambie. "Basada en lo que he aprendido de la Palabra de Dios, me comprometo a buscar a Dios y Su Palabra para incrementar mi fe en Su capacidad para restaurar mi matrimonio. Combatiré el miedo manteniendo mis ojos en Jesús el autor y consumador de mi fe"

Fecha: _____ Firma: _____

─────── # Capítulo 4 ───────

Diversas Pruebas

*"Hermanos míos, considérense muy dichosos
cuando tengan que enfrentarse con diversas
pruebas, pues ya saben que la prueba de
su fe produce constancia."
Santiago 1:2-3.*

¿Cuál es el propósito de Dios para nuestras pruebas y tribulaciones? Muchos cristianos no tienen idea de por qué Dios permite nuestros sufrimientos. Sin este entendimiento, ¿es de extrañarse que haya cristianos que hoy son fácilmente vencidos? Veremos que hay muchos beneficios que vienen con nuestras pruebas y conflictos, especialmente la edificación de nuestra fe y la constancia necesaria para terminar el curso establecido delante de nosotros.

Lo más importante que necesitamos percatarnos durante nuestras pruebas, tribulaciones, conflictos y tentaciones es que ¡Dios está en control! Es Su mano la que permite que estas pruebas nos toquen. Cuando Él lo permite, Él envía Su gracia para permitirnos soportarlas.

Permiso para la adversidad. Lo que es de más consuelo saber es que Satanás no puede tocarnos sin el permiso de Dios. "Muy bien, le contestó el Señor. Todas sus posesiones están en tus manos, con la condición de que a él no le pongas la mano encima" Job 1:12. Satanás no solamente necesita permiso, pero además a él se le dan específicas instrucciones de cómo nos puede tocar. "Simón, Simón, mira que Satanás ha pedido zarandearlos a ustedes como si fueran trigo" Lucas 22:31.

Tentaciones. Las tentaciones que experimentamos, dice la Escritura, son comunes a todos los hombres, no obstante, Dios provee una salida. "Ustedes no han sufrido ninguna tentación que no sea común al género humano. Pero Dios es fiel, y no permitirá que ustedes sean tentados más allá de lo que puedan aguantar. Más bien, cuando llegue la tentación, él les dará también una salida a fin de que puedan resistir" 1 Corintios 10:13. ¡Él no va a sacarla a usted del fuego hasta que usted esté dispuesta a caminar en él, a través de él, y a soportarlo!

Las tentaciones vienen por nuestra propia lujuria. La lujuria es simplemente lo que NOSOTROS queremos. También Dios no puede tentarnos para hacer el mal, ¡sino que es nuestra lujuria la que nos tienta a hacer lo que no deberíamos! "Que nadie, al ser tentado, diga: 'Es Dios quien me tienta.' Porque Dios no puede ser tentado por el mal, ni tampoco tienta él a nadie" Santiago 1:13. Las mujeres sólo se concentran en ver la lujuria de sus esposos (adulterio, drogas, alcohol o pornografía), pero ellas no ven sus propias lujurias por comida, por ir de comprar, o ¡aún por sus matrimonios! La lujuria es la lujuria — ¡un deseo de lo que NOSOTROS QUEREMOS!

Estamos en Sus manos. "A todo esto me dediqué de lleno, y en todo esto comprobé que los justos y los sabios, y sus obras, están en las manos de Dios" Eclesiastés 9:1. Cometemos el error de tontamente intentar conseguir cosas de otros, especialmente de nuestros esposos, ¡cuando TODO lo que recibimos será de parte de Dios!

"Muchos buscan el favor del gobernante, pero la sentencia del hombre la dicta el Señor" Proverbios 29:26.

"De nada sirven ante el Señor la sabiduría, la inteligencia y el consejo. Se alista al caballo para el día de la batalla, pero la victoria depende del Señor" Proverbios 21: 30–31.

"Las suertes se echan sobre la mesa, pero el veredicto proviene del Señor" Proverbios 16:33.

"En las manos del Señor el corazón del rey es como un río: sigue el curso que el Señor le ha trazado" Proverbios 21:1.

Arrepentimiento y salvación. "Sin embargo, ahora me alegro, no porque se hayan entristecido sino porque su tristeza los llevó al arrepentimiento. Ustedes se entristecieron tal como Dios lo quiere, de modo que nosotros de ninguna manera los hemos perjudicado. La tristeza que proviene de Dios produce el arrepentimiento que lleva a la salvación, de la cual no hay que arrepentirse, mientras que la tristeza del mundo produce muerte" 2 Corintios. 7:9–10. Dios nos permite que estemos tristes para traernos arrepentimiento. Cuando nosotros intentamos hacer que nuestros esposos (u otros) se disculpen por lo que han hecho, esto no traerá arrepentimiento genuino y verdadero, sino que en lugar de eso ¡ENDURECERÁ sus corazones hacia nosotros y hacia Dios!

Necesitamos gracia. "Pero él me dijo: 'Te basta con mi gracia, pues mi poder se perfecciona en la debilidad.' Por lo tanto, gustosamente haré más bien alarde de mis debilidades, para que permanezca sobre mí el poder de Cristo. Por eso me regocijo en debilidades, insultos, privaciones, persecuciones y dificultades que sufro por Cristo; porque cuando soy débil, entonces soy fuerte" 2 Corintios 12:9–10. Usted NUNCA verá restauración hasta que muestre contentamiento con sus pruebas.

Extraordinaria gracia

¿De dónde obtenemos la gracia que necesitamos para lograr salir de las pruebas? Mediante la humildad.

"Pero él nos da mayor ayuda con su gracia. Por eso dice la Escritura: 'Dios se opone a los orgullosos, pero da gracia a los humildes'" Santiago 4:6.

"Pues todo el que a sí mismo se enaltece será humillado, y el que se humilla será enaltecido" Lucas 18: 14.

"Dichosos los humildes, porque recibirán la tierra como herencia" Mateo 5:5.

"El altivo será humillado, pero el humilde será enaltecido" Proverbios 29:23.

Asumir nuestras debilidades, confesar nuestras faltas y ser humildes permitirá al Espíritu Santo habitar en nosotros. Entonces aprenderemos el contentamiento sin importar nuestras circunstancias. Una vez que estemos satisfechos, Dios nos puede dar lo que hemos estado buscando – ¡el regreso de nuestros esposos!

Aprendiendo contentamiento. Vemos que debemos aprender contentamiento mediante las circunstancias difíciles que Dios ha permitido. "No digo esto porque esté necesitado, pues he aprendido a estar satisfecho en cualquier situación en que me encuentre. Sé lo que es vivir en la pobreza, y lo que es vivir en la abundancia. He aprendido a vivir en todas y cada una de las circunstancias, tanto a quedar saciado como a pasar hambre, a tener de sobra como a sufrir escasez" Filipenses 4:11–12.

Aprendiendo obediencia. Aún Jesús aprendió obediencia de Su sufrimiento. "Aunque era Hijo, mediante el sufrimiento aprendió a obedecer" Hebreos 5:8

Él nos perfeccionará. "Estoy convencido de esto: el que comenzó tan buena obra en ustedes la irá perfeccionando hasta el día de Cristo Jesús" Filipenses1:6. Una vez que Él ha comenzado una buena obra en usted (su esposo o sus seres queridos), Él la completará. Y por favor, ¡no intente actuar como "espíritu santo el menor" con su esposo!

Debemos ser un consuelo para otros. No debemos solamente aceptar el consuelo de Dios— ¡es ordenado que demos consuelo a otros, sin importar la aflicción en la que estén! "Dios de toda consolación, quien nos consuela en todas nuestras tribulaciones para que con el mismo consuelo que de Dios hemos recibido, también nosotros podamos consolar a todos los que sufren" 2 Corintios 1:3–4.

La disciplina de Nuestro Padre. Muchas veces nuestro sufrimiento es disciplina por desobedecer la ley de Dios. "'Hijo mío, no tomes a la ligera la disciplina del Señor ni te desanimes cuando te reprenda, porque el Señor disciplina a los que ama, y azota a todo el que recibe como hijo.' Lo que soportan es para su disciplina, pues Dios los está tratando como a hijos… Dios lo hace para nuestro bien, a fin de que participemos de su santidad" Hebreos 12:5–10. Cuando una prueba venga a su encuentro, pregúntese a sí misma "¿Está Dios disciplinándome, o está Él probándome para ver cómo voy a reaccionar?"

La disciplina es una bendición. Debemos seguir los ejemplos de los profetas de la Biblia para ayudar a otros a soportar la adversidad. "Hermanos, tomen como ejemplo de sufrimiento y de paciencia a los profetas que hablaron en el nombre del Señor. En verdad, consideramos dichosos a los que perseveraron. Ustedes han oído hablar de la perseverancia de Job, y han visto lo que al final le dio el Señor. Es que el Señor es muy compasivo y misericordioso" Santiago 5:10–11.

Recibir una bendición. Cuando alguien nos hace una maldad o cuando tira insultos, debemos soportarlos, sin regresarlos, para recibir nuestra bendición. Necesitamos recordar que los insultos y la maldad son traídos a nuestras vidas para darnos una "oportunidad" de recibir una bendición. 1 Pedro 3:9 dice "No devuelvan mal por mal ni insulto por insulto; mas bien, bendigan, porque para esto fueron llamados, para heredar una bendición" "¡Dichosos si sufren por causa de la justicia! 'No teman lo que ellos temen, ni se dejen asustar" 1 Pedro 3:14. Si usted continúa respondiendo con otro insulto o con otra maldad, no espere ser bendecida.

La disciplina puede traer tristeza. La disciplina nunca es causa de gozo cuando usted está en medio de ella. No obstante, aquellos que han sido entrenados por Su disciplina saben de las recompensas de la justicia — paz y un matrimonio restaurado. "Ciertamente, ninguna disciplina, en el momento de recibirla, parece agradable, sino más bien penosa; sin embargo, después produce una cosecha de justicia y paz para quienes han sido entrenados por ella" Hebreos 12:11.

Comienza con los cristianos. ¿Por qué debe el sufrimiento comenzar con los cristianos? Porque un cristiano pecador y desobediente nunca acercará a otros al Señor. De nuevo, es la "voluntad de Dios" que pasemos por sufrimiento. Necesitamos permitirnos a nosotros mismos el sufrimiento (usualmente en las manos de otros, aún de nuestros propios esposos) mediante el encomendar nuestras vidas a Dios. "Porque es tiempo de que el juicio comience por la familia de Dios; y si comienza por nosotros, ¡cuál no será el fin de los que se rebelan contra el evangelio de Dios! Así pues, los que sufren según la voluntad de Dios, entréguense a su fiel Creador y sigan practicando el bien" 1 Pedro 4:17,19.

El poder de nuestra fe. Es nuestra fe la que abre la puerta a los milagros. Usted necesita creer que Él es capaz de restaurar su matrimonio, y no dudar, en su corazón. "Tengan fe en Dios, respondió Jesús. Les aseguro que si alguno le dice a este monte: 'Quítate de ahí y tírate al mar', creyendo, sin abrigar la menor duda de que lo que dice sucederá, lo obtendrá. Por eso les digo: Crean que ya han recibido todo lo que estén pidiendo en oración, y lo obtendrán" Marcos 11:22–24.

Dios en Su Palabra nos ha dicho que sufriremos. "Pues cuando estábamos con ustedes les advertimos que íbamos a padecer sufrimientos. Y así sucedió. Por eso, cuando ya no pude soportarlo más, mandé a Timoteo a indagar acerca de su fe, no fuera que el tentador los hubiera inducido a hacer lo malo y que nuestro trabajo hubiera sido en vano" 1 Tesalonicenses 3:4–5. Lo que ha sucedido en su matrimonio NO es una señal de que se ha terminado. Es lo que Dios usó para lograr su atención y es lo que ahora está usando para cambiarle a usted. ¡No se rinda! ¡No le permita a Satanás robar el milagro que Dios tiene para usted cuando haya soportado y prevalecido!

Con Dios. "Para los hombres es imposible—aclaró Jesús, mirándolos fijamente—, mas para Dios todo es posible" Mateo. 19:26. "Para los hombres es imposible—aclaró Jesús, mirándolos fijamente—, pero no para Dios; de hecho, para Dios todo es posible" Marcos 10:27. NADA (Ni una sola cosa) es imposible para Dios. Trabaje con Dios. No tenga su plan y espere que Dios lo bendiga. Usted debe trabajar "con Dios" Él no va a trabajar con usted.

Lo que usted dice. "… aferrémonos a la fe que profesamos" Hebreos 4:14. "Mas bien, honren en su corazón a Cristo como el Señor. Estén siempre preparados para responder a todo el que les pida razón de la esperanza que hay en ustedes. Pero háganlo con gentileza y respeto" 1 Pedro 3:15,16. "Si se nos arroja al horno en llamas, el Dios al que servimos puede librarnos del horno y de las manos de Su Majestad. Pero aún si nuestro Dios no lo hace así… " Daniel 3:17,18. Necesitamos hablar lo que Dios dice en Su Palabra, sin vacilar, con esperanza en nuestros labios. Pero espere hasta que le pregunten. ¡Le van a preguntar si usted está llena del gozo del Señor en medio de la adversidad! Cuando le pregunten acerca de su esperanza con respecto a su matrimonio, asegúrese de responder a la otra persona con reverencia, respeto y amabilidad. ¡Nunca use la Escritura para discutir con alguien!

Note: Si quien le pregunta es su esposo, ¡recuerde que él será ganado "sin una palabra!"

Dispóngase a actuar con inteligencia y manténgase fija. "Por eso, dispónganse para actuar con inteligencia; tengan dominio propio; pongan su esperanza completamente en la gracia que se les dará cuando se revele Jesucristo" 1 Pedro 1:13. Dominio propio significa con pensamiento claro. Sea clara en su mente acerca de lo que usted verdaderamente quiere para evitar las consecuencias de la indecisión.

Gócese. Debemos gozarnos en nuestras pruebas porque sabemos que ellas están produciendo constancia que nos hará capaces de terminar el curso marcado delante de nosotros. "Hermanos míos, considérense muy dichosos cuando tengan que enfrentarse con diversas pruebas, pues ya saben que la prueba de su fe produce constancia. Y la constancia debe llevar a feliz término la obra, para que sean perfectos e íntegros, sin que les falte nada. Si a alguno de ustedes le falta sabiduría, pídasela a Dios, y él se la dará, pues Dios da a todos generosamente sin menospreciar a nadie. Pero pida con fe, sin dudar, porque quien duda es como las olas del mar, agitadas y llevadas de un lado a otro por el viento" Santiago 1:2–6.

Esté preparada— ¡su fe será probada! Los miedos y las dudas vienen a la mente de todos; ¡solamente no los reciba! En lugar de eso, piense solamente en las cosas buenas. Si usted duda, usted tendrá problema creyendo y las pruebas serán más difíciles. Y recuerde, tendremos "diversas" pruebas, algunas grandes pruebas, y otras solamente molestias. Necesitamos agradecerle a Él por todas nuestras pruebas. Este es nuestro sacrificio de alabanza.

Alégrese. "Alégrense siempre en el Señor. Insisto: ¡Alégrense! Que su amabilidad sea evidente a todos. El Señor está cerca. No se inquieten por nada; mas bien, en toda ocasión, con oración y ruego, presenten sus peticiones a Dios y denle gracias. Y la paz de Dios, que sobrepasa todo entendimiento, cuidará sus corazones y sus pensamientos en Cristo Jesús. Por último, hermanos, consideren bien todo lo verdadero, todo lo respetable, todo lo justo, todo lo puro, todo lo amable, todo lo digno de admiración, en fin, todo lo que sea excelente o merezca elogio. Pongan en práctica lo que de mí han aprendido, recibido y oído, y lo que han visto en mí, y el Dios de paz estará con ustedes" Filipenses 4:4–9.

Claramente la mayoría de las batallas son ganadas o perdidas en la mente. Siga el consejo del Señor para tener paz en medio de sus pruebas para ganar la victoria sobre ellas— ¡ALABE al Señor en medio de ellas! Gócese por lo que usted SABE que Él está haciendo. Luego piense en esto, hable de esto, escuche sólo esto. Muchas veces amigos cercanos lo llaman para decirle lo que su esposo está haciendo. Estos usualmente no son "buenas noticias" y la mayoría del tiempo no son amables, puras o rectas—¡así que no las escuche!

La fe NO se ve. A menudo mujeres me escriben porque ellas están buscando señales de mejoría en su matrimonio o en las actitudes de sus esposos hacia ellas. Usted debe recordar que la Escritura es muy clara—¡la fe no se ve! Cuando otros le pregunten acerca de su situación, contésteles con "¡Gloria a Dios, el Señor está obrando!"

"Por tanto, no nos desanimamos. Al contrario, aunque por fuera nos vamos desgastando, por dentro nos vamos renovando día tras día. Pues los sufrimientos ligeros y efímeros que ahora padecemos producen una gloria eterna que vale muchísimo más que todo sufrimiento. Así que no nos fijamos en lo visible, sino en lo invisible, ya que lo que se ve es pasajero, mientras que lo que no se ve es eterno" 2 Corintios 4:16–18.

La fe… NO se ve. Cuando usted está experimentando lo que Pablo llama "aflicción ligera" aún eso puede estar rompiendo su corazón y ser MUY doloroso. Recuérdese a sí misma de esta muy importante verdad: ¡estas aflicciones son solamente momentáneas! Y estas mismas aflicciones no sólo son temporales, sino que ellas están produciendo algo maravilloso para usted—le están alistando para un nuevo y maravilloso matrimonio. Recuerde que el sufrimiento es temporal ¡pero los beneficios durarán una eternidad! "Ahora bien, la fe es la garantía de lo que se espera, la certeza de lo que NO se ve" Hebreos 11:1.

Fe—no por vista. La mayoría de la gente comienza creyendo cuando "ellos comienzan a ver que algo sucede," ¡pero esto no es fe! "Vivimos por fe, no por vista" 2 Corintios. 5:7.

Mirando nuestras circunstancias. Cuando Pedro miró a sus circunstancias, se hundió – y usted también se hundirá. "Ven, dijo Jesús. Pedro bajó de la barca y caminó sobre el agua en dirección a Jesús. Pero al sentir el viento fuerte, tuvo miedo y comenzó a hundirse. Entonces gritó: ¡Señor, sálvame! En seguida Jesús le tendió la mano y, sujetándolo, lo reprendió: ¡Hombre de poca fe! ¿Por qué dudaste?" Mateo 14:29–31.

Para nuestra prueba. Probablemente la lección más importante en nuestra postura hacia nuestras familias y nuestros matrimonios es el ser capaces de pasar nuestra prueba—la prueba de nuestra fe—en Su Palabra y no ser tambaleados por la emoción o las declaraciones falsas hechas por otros. "Hermanos míos, considérense muy dichosos cuando tengan que enfrentarse con diversas pruebas, pues ya saben que la prueba de su fe produce constancia. Y la constancia debe llevar a feliz término la obra, para que sean perfectos e íntegros, sin que les falte nada" Santiago 1:2–4. Cuando usted sea perfeccionada y su refinamiento sea completo, ¡ENTONCES usted verá a su marido de regreso en el hogar!

Probada por fuego. "Esto es para ustedes motivo de gran alegría, a pesar de que hasta ahora han tenido que sufrir diversas pruebas por un tiempo. El oro, aunque perecedero, se acrisola al fuego. Así también la fe de ustedes, que vale mucho más que el oro, al ser acrisolada por las pruebas demostrará que es digna de aprobación, gloria y honor cuando Jesucristo se revele" 1 Pedro 1:6–7.

Muchos han fallado su prueba y han continuado caminando en el desierto como el pueblo de Israel lo hizo porque a ellos les faltaba fe. Ellos murmuraron y se quejaron, lo cual condujo a la rebeldía. La prueba de su fe, la cual es un corazón lleno de fe y contentamiento en sus presentes circunstancias, es más preciosa que el oro.

Mantenga la fe. No corra hacia otro plan cuando las cosas se están complicando; no arriesgue lo que ha comenzado a hacer. Se conoce a Satanás porque trae nuevas (y erróneas) soluciones a nuestras pruebas. El discernir y decidir quedarse en el camino correcto es la prueba que debemos continuar pasando. "He peleado la buena batalla, he terminado la carrera, me he mantenido en la fe" 2 Timoteo 4:7.

Pida a Dios que le dé otra mujer que esté dispuesta a apoyarla. Encuentre a alguien que le ayudará a mantenerse y a no doblarse en cuando a su compromiso. "Más valen dos que uno, porque obtienen más fruto de su esfuerzo. Si caen, el uno levanta al otro. ¡Ay del que cae y no tiene quien lo levante! Si dos se acuestan juntos, entrarán en calor; uno solo ¿cómo va a calentarse? Uno solo puede ser vencido, pero dos pueden resistir. ¡La cuerda de tres hilos no se rompe fácilmente!" Eclesiastés 4:9–12. Por cuanto un cordón de tres dobleces no es fácil de romper, trate de encontrar sólo otra mujer que creerá con usted, que le animará, que le mantendrá firme en la dirección de su fe. ¡Ella, junto con el Señor, es todo lo que necesita! Aquí hay algunos ejemplos encontrados en las Escrituras:

Moisés, Aarón y Jur. "Cuando a Moisés se le cansaron los brazos, tomaron una piedra y se la pusieron debajo para que se sentara en ella; luego Aarón y Jur le sostuvieron los brazos, uno el izquierdo y otro el derecho, y así Moisés pudo mantenerlos firmes hasta la puesta del sol" Éxodo 17:12. También vea Sadrac, Mesac y Abednego en el libro de Daniel capítulo 3. ¡¡Usted, sólo un amigo y el Señor son un PODEROSO cordón de tres dobleces!!

Pídale a Dios que lo guíe a través de TODAS las pruebas. "Confíaen el Señor de todo corazón, y no en tu propia inteligencia.

Reconócelo en todos tus caminos, y él allanará tus sendas. No seas sabio en tu propia opinión; más bien, teme al Señor y huye del mal" Proverbios 3:5–7.

Llamémoslo para que nos fortalezca, acerquémonos a Él en el tiempo de necesidad. Permitámosle que nos discipline, nos pruebe, nos examine. Gocémonos siempre en todas las cosas, no sólo lo bueno, sino también los problemas que vienen a nuestro camino. Mantengamos la esperanza cerca de nuestros labios y pronta en nuestras mentes. ¡Que siempre recordemos que es Su voluntad que pasemos por tiempos difíciles y que sirven para bien!

"Llenos de gozo por haber sido considerados dignos de sufrir afrentas por causa del Nombre" Hechos 5:41.

"Se reviste de fuerza y dignidad, y afronta segura el porvenir" Proverbios 31:25.

"Ahora bien, sabemos que Dios dispone todas las cosas para el bien de quienes lo aman, los que han sido llamados de acuerdo con su propósito" Romanos 8:28.

Compromiso personal: Considerar todo como gozo cuando me encuentro con diversas pruebas. "Basada en lo que he aprendido de la Palabra de Dios, me comprometo a permitir la prueba de mi fe para ayudarme a producir constancia. Y permitiré que la constancia tenga su perfecto resultado, que yo sea perfecta y completa, sin faltarme nada"

Fecha: _____ Firma: _____

Una Rápida Referencia para las Pruebas y Tribulaciones

¡DIOS ES QUIEN ESTÁ EN CONTROL, NO ALGÚN HOMBRE, NI EL DIABLO!

1. La justicia proviene del Señor. Proverbios 29:26.
2. La respuesta proviene del Señor. Proverbios 16:1.
3. El corazón es cambiado por el Señor. Proverbios 21:2.
4. Sus obras están en las manos de Dios. Eclesiastés 9:1.
5. Tú (Dios) lo has hecho. Salmo 44:9–15.
6. Él (Dios) provocó la tormenta. Salmo 107:1–32.
7. Él (Dios) quitó al amante y al amigo. Salmo 88:8,18.

¿QUÉ HACEN NUESTRAS PRUEBAS POR NOSOTROS?

1. Que el poder de Cristo habite en nosotros. 2 Corintios 12:9–10.
2. Aprenderemos a estar satisfechos. Filipenses 4:9.
3. Recibiremos una recompensa. 2 Timoteo 4:7,19.
4. No nos falta nada. Santiago 1:2–4.
5. Él nos capacitará para consolar a otros. 2 Corintios 3:1–4.
6. Él perfeccionará lo que ha comenzado en nosotros. Filipenses 1:6–13.
7. Tendremos a nuestro amado de regreso. Filipenses 1:15.
8. Recibiremos misericordia. Hebreos 4:15.
9. Aprenderemos obediencia. Hebreos 5:7–8.
10. Ellas producirán capacidad de aguante. Santiago 1:2–4.
11. Recibiremos la Corona de Vida. Santiago 1:12.
12. Probaremos nuestra fe. 1 Pedro 1:6–7.
13. Seguiremos Sus pasos. 1 Pedro 2:21.
14. Compartiremos sus sufrimientos. 1 Pedro 3:13.
15. Seremos perfeccionados, confirmados, fortalecidos y establecidos. 1 Pedro 5:10.

Capítulo 5

Su Primer Amor

"Sin embargo, tengo en tu contra que has
abandonado tu primer amor."
Apocalipsis 2:4

¿Ha abandonado usted su primer amor? ¿Quién es su primer amor? ¿Fue su esposo su primer amor? ¿Fueron sus bebés o sus hijos los primeros en su vida por encima de su esposo y del Señor? ¿O ha estado su carrera en primer lugar? ¿Quién es realmente lo primero en su vida? "El que quiere a su padre o a su madre más que a mí no es digno de mí; el que quiere a su hijo o a su hija más que a mí no es digno de mí" Mateo 10:37. Las Escrituras en Apocalipsis dicen "Sin embargo, tengo en tu contra que has abandonado tu primer amor" Apocalipsis 2:4.

¿Qué nos está diciendo el Señor? Él está diciendo que cualquier ocasión en que pongamos a alguien o algo por sobre nuestro amor o nuestra relación con Él, no somos dignos de su amor.

Busque primero. Usted debe ponerlo a Él primero en sus prioridades, primero en su día y primero en su corazón. "Más bien, busquen primeramente el reino de Dios y su justicia, y todas estas cosas les serán añadidas" Mateo. 6:33.

Trapos de inmundicia. Hágase estas preguntas: ¿Las cosas que pongo en primer lugar tienen valor eterno? ¿Lo que hago ayudará a incrementar el reino y Su justicia? ¿Estoy buscando Su justicia o estoy tratando de reunir mi propia justicia? Recuerde, ¡nuestra justicia es como trapos de inmundicia! (Isaías 64:6).

¿Qué sucede cuando usted pone a alguien antes que a Dios? ¿Qué hace Él para acercarlo a usted de nuevo hacia Él? Si usted ha puesto a su esposo antes que a Dios, entonces fue el Señor quien ha quitado a su esposo de su lado. "Me has quitado a todos mis amigos y ante ellos me has hecho aborrecible. Me has quitado amigos y seres queridos; ahora sólo tengo amistad con las tinieblas" Salmo 88:8,18. Y no cometa el error de poner la restauración de su matrimonio como la primera cosa en su vida; ¡usted debe hacer del Señor la prioridad en su vida!

¿Significa esto que no nos debe importar lo que nuestros esposos quieren o necesitan? ¿Tendremos esa actitud de "yo sirvo al Señor, no a ti"? Dios nos enseña un perfecto equilibrio en Su Palabra. "Esposas, sométanse a sus propios esposos como al Señor" Efesios 5:22. "Esposas, sométanse a sus esposos, como conviene en el Señor" Colosenses 3:18. Cuando nos sometemos a nuestros esposos, estamos haciéndolo para el Señor. ¡Aún, y especialmente, si nuestros esposos no merecen el honor que les mostramos, podemos descansar SABIENDO que lo hicimos por el Señor, quien merece nuestra sumisión a Él y a Su Palabra! (Vea Capítulo 6 "Mujer contenciosa," bajo la sección "Siendo sujeta" para mayor conocimiento.)

La Palabra de Dios no será blasfemada. El Señor aún nos da una advertencia de que el no obedecer o no honrar a nuestros esposos deshonrará, aún blasfemará, al Señor y a Su Palabra. "...a ser sensatas y puras, cuidadosas del hogar, bondadosas y sumisas a sus esposos, para que no se hable mal de la Palabra de Dios" Tito 2:5.

Agradando al Señor. Debemos agradar al Señor, más que intentar agradar a nuestros esposos. Entonces el Señor causará que tengamos el favor de nuestros esposos. "Cuando el Señor aprueba la conducta de un hombre, hasta con sus enemigos lo reconcilia" Proverbios 16:7. "Engañoso es el encanto, y pasajera la belleza; la mujer que teme al Señor es digna de alabanza" Proverbios 31:30. "Deléitate en el Señor, y él te concederá los deseos de tu corazón" Salmo 37:4.

Obediencia en lugar de sacrificio

El obedecer es mejor que el sacrificio. "¿Qué le agrada más al Señor: que se le ofrezcan holocaustos y sacrificios, o que se obedezca lo que Él dice? El obedecer vale más que el sacrificio, y el prestar atención, más que la grasa de carneros. La rebeldía es tan grave como la adivinación, y la arrogancia, como el pecado de la idolatría" 1 Samuel 15:22–23. "Practicar la justicia y el derecho lo prefiere el Señor a los sacrificios" Proverbios 21:3.

Testimonio: He visto a muchas mujeres que son "mártires" y yo siempre tuve miedo de que yo llegara a ser una de ellas. Por cuanto yo no sabía por qué o cómo alguna mujer había llegado a ser así, era posible que yo también cayera en la misma trampa. Así fue. Pero ahora he encontrado la respuesta: ¡esas mujeres no obedecen; se sacrifican!

Mi esposo me decía que "lo tomara con calma," que "descansara," o que "lo dejara para mañana," ¡pero yo no lo hacía! ¡Rebeldía! Yo lo justificaba diciendo "Él no sabe cuánto trabajo tengo que hacer" y con "Él no se da cuenta de todo lo que se necesita hacer para mantener la casa o cuidar a los niños" o "¿Cómo puedo tomar una siesta?" "¿Quién va a cuidar a los niños mientras me duermo?" Mártir, mártir, mártir. Yo estaba en lo correcto, él no sabía—¡pero Dios sí sabía! Y Él es mi protección y la protección de mis hijos. Y Dios en su soberanía ha puesto a nuestros esposos sobre nosotros para nuestra protección: para protección física, protección emocional y protección espiritual. (Véase "¿Quién debe ser el líder espiritual?" en "Ayuda idónea"del libro "La mujer sabia edifica su casa: escrito por la necia que destruyó la suya con sus propias manos, disponible en inglés). "Pues no hay autoridad que Dios no haya dispuesto, así que las que existen fueron establecidas por Él. Por lo tanto, todo el que se opone a la autoridad se rebela contra lo que Dios ha instituido. Porque los gobernadores no están para infundir terror… pues está al servicio de Dios para tu bien" Romanos 13:1–4. "Pues por falta de conocimiento mi pueblo ha sido destruido" Oseas 4:6.

Su apariencia externa. Aún si su apariencia engaña a otros para que piensen que usted es sumisa, ¡Dios conoce su corazón! "No te dejes impresionar por su apariencia ni por su estatura, pues yo lo he rechazado. La gente se fija en las apariencias, pero yo me fijo en el corazón" 1 Samuel 16:7.

Hay una historia de un niño pequeño cuyo padre continuó pidiéndole que se sentara. Finalmente el niño pequeño se sentó y el padre sonrió. Pero el niño rápidamente exclamó, "puedo estar sentado en el exterior, pero por dentro—¡estoy parado!"

Muchas veces estamos parados en el interior. Muchas veces después de que usted hizo lo correcto y accedió a seguir el plan de su esposo usted exclama "¡Pero no estoy de acuerdo!" o su actitud le dice que usted no está de acuerdo. ¿Ha hecho esto? ¿Ha sido de la clase de persona que "finge" sumisión a su esposo?

También cosechará lo que usted ha sembrado. Si usted fue rebelde con sus padres antes de que se casara, usted probablemente sigue siendo rebelde con su esposo. Para culminar, usted se casó con un rebelde. Y ahora su esposo se ha vuelto un mayor rebelde desde que se casaron, de la misma manera que usted se ha vuelto. Él ahora se rebela contra toda sensata sabiduría y ¡aún ha tomado la rebelión hasta el punto de rebelarse contra el compromiso de serle fiel a usted!

Nada es imposible. ¿Qué hace usted, entonces? Si usted cree, ¡entonces comience a obedecer AHORA! "Porque el esposo no creyente ha sido santificado por la unión con su esposa" 1 Corintios 7:14. Sí, es verdad. Obedezca ahora y mire cómo el Señor santifica a su esposo. ¿Le parece extraño esto? ¿Parece imposible porque él es muy malo? Es porque ustedes son una carne: "Así que ya no son dos, sino uno solo" Mateo. 19:6. "Sin embargo, en el Señor, ni la mujer existe aparte del hombre, ni el hombre aparte de la mujer" 1 Corintios 11:11.

¿Puede solamente medio cuerpo ir en una dirección y la otra mitad en la otra? Aún si ustedes van por caminos separados por un tiempo, Dios eventualmente los traerá de regreso para andar juntos. Puede pasar porque "para Dios no hay nada imposible" Lucas 1:37. "Dios… recompensa a quienes lo buscan" Hebreos 11:6.

Aquél que camina sin mancha. Ya que usted obedece, Dios cambiará el corazón de su esposo. "El corazón… sigue el curso que el Señor le ha trazado" Proverbios 21:1. Recuerde solamente "el que es honrado se mantendrá a salvo" Proverbios 28:18. Si usted dice que usted no quiere obedecer a su esposo, ¡entonces él tampoco obedecerá a Aquél que está sobre él! "Cristo es cabeza de todo hombre, mientras que el hombre es cabeza de la mujer, y Dios es cabeza de Cristo" 1 Corintios 11:3. No dé la excusa de que su esposo no es cristiano así que por eso usted no tiene que obedecerlo. ¡No hay NINGUNA Escritura que le diga a una mujer que no se tiene que sujetar o someter a un incrédulo!

Y no justifique su rebeldía presente diciendo que su esposo no está alrededor, así que ¿cómo puede obedecer a quien no está ahí? ¡Usted obedece lo que usted SABE que debería hacer y lo que usted debería haber hecho! Si él le ha pedido que usted se asegure de vestirse en la mañana antes de que él se vaya, o el lavar la vajilla en lugar de dejarlos acumular hasta que está lleno el fregadero, entonces hágalo. Si él le pidió que colgara la ropa de la manera correcta en el clóset, ¡deje de leer y hágalo ahora! Si usted no puede recordar, pídale al Señor que traiga a su memoria TODAS esas cosas que su esposo le pidió cuando usted no estaba escuchando ni obedeciendo. Entonces hágalas. No se trata de que su esposo vea los cambios, pero de que Dios vea que usted ha cambiado.

Sufriendo injustamente. Y ¿qué pasa si mi esposo es malo o aún cruel? "Sométanse con todo respeto a sus amos, no sólo a los buenos y comprensivos sino también a los insoportables. Porque es digno de elogio que, por sentido de responsabilidad delante de Dios, se soporten las penalidades, aún sufriendo injustamente. Pero ¿cómo pueden ustedes atribuirse mérito alguno si soportan que los maltraten por hacer el mal? En cambio, si sufren por hacer el bien, eso merece elogio delante de Dios" 1 Pedro 2:18–20. La Palabra sigue adelante diciendo que nosotras mujeres tenemos un ejemplo en el Señor y en Su vida. Él nos pide que sigamos sus pisadas como lo veremos más adelante. (Si usted está en una situación de abuso, lea el capítulo 15 "Consuele a aquellos" y también el capítulo 7 "Amabilidad en su lengua" para ayuda.)

"Si me aman, obedezcan"

Después de que usted ponga a Dios en el primer lugar en su vida, y comience a obedecer a aquellos en autoridad sobre usted, usted debe entonces echar fuera la falsa doctrina que dice que "usted es salvo por gracia, así que en realidad está BIEN que peque, porque no estamos más bajo la Ley" Busquemos en las Escrituras:

¿Sus obras lo niegan a Él? "Profesan conocer a Dios, pero con sus acciones lo niegan; son abominables, desobedientes e incapaces de hacer nada bueno" Tito 1:16.

¿Hace usted lo que Su Palabra dice? "¿Por qué me llaman ustedes 'Señor, Señor', y no hacen lo que les digo?" Lucas. 6:46.

¿Vamos a persistir en el pecado? "¿Qué concluiremos? ¿Vamos a persistir en el pecado, para que la gracia abunde? ¡De ninguna manera! Nosotros, que hemos muerto al pecado, ¿cómo podemos seguir viviendo en él?" "Entonces, ¿qué? ¿Vamos a pecar porque no estamos ya bajo la ley sino bajo la gracia? ¡De ninguna manera!" Romanos 6:1–2,15.

La fe sin obras está muerta. "Hermanos míos, ¿de qué le sirve a uno alegar que tiene fe, si no tiene obras? ¿Acaso podrá salvarlo esa fe?" "Pues como el cuerpo sin el espíritu está muerto, así también la fe sin obras está muerta" Santiago 2:14,26. Las buenas obras son los "frutos" de nuestra salvación. Estas son tres preguntas que debemos hacernos a nosotros mismos:

¿Mis hechos niegan que sigo al Señor?
¿Me da la gracia permiso para pecar?
¿Debe, como creyente, hacer buenas obras?

Confiese sus pecados. Si esta es la mente que usted tenía, antes de aprender estas Escrituras, haga como la Palabra dice: "Por eso, confiésense unos a otros sus pecados, y oren unos por otros, para que sean sanados" Santiago 5:16.

Jamás los conocí. Muchos creen que usted puede vivir de cualquier manera que usted quiera y después entrar al cielo ya que muera. ¿Es esto verdad? "Muchos me dirán en aquél día: 'Señor, Señor, ¿no profetizamos en tu nombre, y en tu nombre expulsamos demonios e hicimos muchos milagros?' Entonces les diré claramente: 'Jamás los conocí. ¡Aléjense de mí, hacedores de maldad!'" Mateo 7:22–23. ¡La respuesta es "no"!

Obediencia a Su Palabra

"Clama la sabiduría en las calles; en los lugares públicos levanta su voz. Clama en las esquinas de calles transitadas; a la entrada de la cuidad razona: «Hasta cuándo, muchachos inexpertos, seguirán aferrados a su inexperiencia? ¿Hasta cuándo ustedes los insolentes, se complacerán con su insolencia? ¿Hasta cuándo, ustedes los necios, aborrecerán el conocimiento? Respondan a mis represiones, y yo les abriré mi corazón; les daré a conocer mis pensamientos. Como ustedes no me atendieron cuando los llamé, ni me hicieron caso cuando les tendí la mano, sino que rechazaron todos mis consejos y no acataron mis represiones, ahora yo me burlaré de ustedes cuando caigan en desgracia. Yo seré el que se ría de ustedes cuando les sobrevenga el miedo, cuando el miedo les sobrevenga como una tormenta y la desgracia los arrastre como un torbellino. Entonces me llamarán, pero no les responderé; me buscarán, pero no me encontrarán. Por cuanto aborrecieron el conocimiento y no quisieron temer al Señor; por cuanto no siguieron mis consejos, sino que rechazaron mis represiones, cosecharán el fruto de su conducta, se hartarán con sus propias intrigas; ¡su descarrío e inexperiencia los destruirán, su complacencia y necedad los aniquilarán! Pero el que me obedezca vivirá tranquilo, sosegado y sin temor del mal.»" Proverbios 1:20–33. ¡Busque la sabiduría!

La obediencia proviene del corazón. "…ya se han sometido de corazón a la enseñanza que les fue transmitida" Romanos 6:17. Y de nuevo, "la gente se fija en las apariencias, pero yo me fijo en el corazón" 1 Samuel 16:7.

La obediencia necesita prueba. "No se extrañen del fuego de la prueba que están soportando" 1 Pedro 4:12. La obediencia purifica a su alma. "Ahora que se han purificando obedeciendo a la verdad… " 1 Pedro 1:22.

La obediencia da testimonio de quién es nuestro Padre. "'Obedézcanme. Así yo seré su Dios, y ustedes serán mi pueblo. Condúzcanse conforme a todo lo que yo les ordene, a fin de que les vaya bien.' Pero ellos no me obedecieron ni me prestaron atención, sino que siguieron los consejos de su terco y malvado corazón. Fue así como, en vez de avanzar, retrocedieron" Jeremías 7:23–24.

Su desobediencia en realidad alaba a los malos. "Los que abandonan la ley alaban a los malvados; los que la obedecen luchan contra ellos" Proverbios 28:4. Las oraciones de los desobedientes no son escuchadas. "Dios aborrece hasta la oración del que se niega a obedecer la ley" Proverbios 28:9.

Nuestro ejemplo de obediencia es Jesús

Él fue obediente aún hasta la muerte. "Se humilló a sí mismo y se hizo obediente hasta la muerte, ¡y muerte de cruz!" Filipenses 2:8. "Aunque era Hijo, mediante el sufrimiento aprendió a obedecer" Hebreos 5:8.

Él fue obediente y sumiso ante Su autoridad. "Padre mío, si es posible, no me hagas beber este trago amargo. Pero no sea lo que yo quiero, sino lo que quieres tú. Padre mío, si no es posible evitar que yo beba este trago amargo, hágase tu voluntad" Mateo 26:39,42.
Nuestra sumisión ante nuestra autoridad. "Esposas, sométanse a sus propios esposos como al Señor. Así como la iglesia se somete a Cristo, también las esposas deben someterse a sus esposos en todo" Efesios. 5:22, 24. "Pues no hay autoridad que Dios no haya dispuesto, así que las que existen fueron establecidas por él" Romanos 13:1.

El secreto para el éxito. "Todas las sendas del Señor son amor y verdad para quienes cumplen los preceptos de su pacto. Por amor a tu nombre, Señor, perdona mi gran iniquidad. ¿Quién es el hombre que teme al Señor? Será instruido en el mejor de los caminos. Tendrá una vida placentera, y sus descendientes heredarán la tierra. El Señor brinda amistad a quienes le honran, y les da a conocer su pacto. Mis ojos están puestos siempre en el Señor, pues sólo él puede sacarme de la trampa" Salmo 25:10–15.

Condenarse a sí mismo. Desafortunadamente, muchas personas discrepan o argumentan el verdadero significado de las Escrituras. "Evita las necias controversias y genealogías, las discusiones y peleas sobre la ley, porque carecen de provecho y de sentido. Al que cause divisiones, amonéstalo dos veces, y después evítalo. Puedes estar seguro de que tal individuo se condena a sí mismo por ser un perverso pecador" Tito 3:9–11.

Vuelva la espalda a los mitos. En lugar de buscar la verdad, muchos quieren que otros estén de acuerdo con sus ideas o decisiones equivocadas: "Porque llegará el tiempo en que no van a tolerar la sana doctrina, sino que, llevados de sus propios deseos, se rodearán de maestros que les digan las novelerías que quieren oír. Dejarán de escuchar la verdad y se volverán a los mitos" 2 Timoteo 4:3–4.

Obediencia a Su Palabra. "No seas como el mulo o el caballo, que no tienen discernimiento, y cuyo brío hay que domar con brida y freno, para acercarlos a ti" Salmo 32:9. Si usted no obedece, Él lo disciplinará. "El Señor me ha castigado con dureza, pero no me ha entregado a la muerte. No he de morir; he de vivir para proclamar las maravillas del Señor" Salmo 118:18,17.

Dios es fiel a Su Palabra. "Pero si sus hijos se apartan de mi ley y no viven según mis decretos, si violan mis estatutos y no observan mis mandamientos, con vara castigaré sus transgresiones y con azotes su iniquidad" Salmo 89:30–34. Si usted continua en rebeldía a la Palabra de Dios o a la autoridad de su esposo, Dios continuará castigándole.

Lea y ore el Salmo 51 em voz :

"Lávame de toda mi maldad y límpiame de mi pecado. Yo reconozco mis transgresiones; siempre tengo presente mi pecado. Contra ti he pecado, sólo contra ti, y he hecho lo que es malo ante tus ojos. Crea en mí, oh Dios, un corazón limpio, y renueva la firmeza de mi espíritu. No me alejes de tu presencia ni me quites tu Santo Espíritu. Devuélveme la alegría de tu salvación; que un espíritu obediente me sostenga. Así enseñaré a los transgresores tus caminos, y los pecadores se volverán a ti. El sacrificio que te agrada es un espíritu quebrantado; tú, oh Dios, no desprecias al corazón quebrantado y arrepentido"

¡QUE DIOS SEA CON USTED CONFORME SE ESFUERZA POR SER MÁS COMO CRISTO!

Compromiso personal: poner al Señor en primer lugar en mi vida. "Basada en lo que he aprendido de la Escritura, me comprometo a hacer todo como para el Señor. Mostraré al Señor mi compromiso con Él y mi obediencia a Su Palabra mediante el sometimiento a aquellos que están en autoridad sobre mí, especialmente mi esposo"

Fecha: _____ Firma: _____ _____

Capítulo 6

Mujer Contenciosa

*"Gotera constante en un día lluvioso
es La mujer que siempre pelea.
Quien la domine, podrá dominar el viento
y retener aceite em la mano."*
Proverbios 27:15-16

Pregúntese a sí misma, "¿Soy una mujer contenciosa?"

Tal vez esa pregunta es difícil de responder porque usted no está exactamente segura de qué es una mujer contenciosa. Si revisamos la concordancia de Strong la palabra contención significa: una disputa, riña, contienda, un espíritu peleonero, discutidor. ¿Son sus conversaciones con su esposo usualmente o muchas veces una peleo para ver quién ganará o logrará que las cosas se hagan a su manera? ¿Gana usted muchas veces? Déjeme compartir con usted que yo era una mujer contenciosa y yo ganaba a menudo, o probablemente la mayoría del tiempo, ¡pero yo en realidad perdí! ¡Perdí a mi esposo y la vida familiar que teníamos!

¿Usted pelea con su esposo? "Iniciar una pelea es romper una represa; vale más retirarse que comenzarla" Proverbios 17:14. No obstante el mundo, y los así llamados expertos en matrimonio, nos dicen que una buena pelea es en realidad buena para el matrimonio. ¡No lo crea! ¡Pelear DESTRUIRÁ su matrimonio!

¿Hay contiendas en su hogar? "Más vale comer pan duro donde hay concordia que hacer banquete donde hay discordia" Proverbios 17:1. ¿Es usted la mujer gentil y callada de la que habla Pedro 3:4 quien es preciosa ante los ojos de Dios? ¿Son sus hijos inquietos? (Vea "Las enseñanzas de tu madre", en el libro "La mujer sabia edifica su casa: escrito por la necia que destruyó la suya con sus propias manos. Recuerde Oseas 4:6.)

¿Tiene usted un espíritu peleonero? "No tengas nada que ver con discusiones necias y sin sentido, pues ya sabes que terminan en pleitos" 2 Timoteo 2:23. ¿Es usted una "sabelotodo"? ¿O usted solamente tiene un comentario contrario a lo que su esposo dice? Dios nos dice que "Si tu adversario te va a denunciar, llega a un acuerdo con él lo más pronto posible. Hazlo mientras vayan de camino al juzgado, no sea que te entregue al juez" Mateo. 5:25. ¡Manténgase lejos de la corte de divorcio!

¿Es usted respondona? "Enseña a los esclavos a someterse en todo a sus amos, a procurar agradarles y a no ser respondones" Tito 2:9. ¿Es usted un esclavo de Jesucristo? ¿Él lo ha comprado por precio? Entonces usted le debe a Él y debe tratar de agradarle. Ahora que hemos visto lo que significa ser contenciosa, la Palabra de Dios menciona cinco veces cuán horrible es una esposa contenciosa. Examinémoslo.

Una esposa contenciosa

Mujer contenciosa. ¿Ha tenido usted un grifo goteando que la volvía loca? "La mujer pendenciera es gotera constante" Proverbios 19:13. Algunas veces requiere que alguien llame la atención a esa gotera (tal vez un amigo o un suegro) para que su esposo lo note, pero una vez que lo ha notado, ¡eso es todo lo que podrá escuchar! ¿Se ha preguntado alguna vez por qué los hombres se mudan de sus casas, y a menudo con una ramera? Proverbios 21:9 dice que esto es porque "más vale habitar en un rincón de la azotea que compartir el techo con mujer pendenciera"

Mujer contenciosa y de mal genio. De nuevo, un hombre preferiría vivir sin agua en el calor del desierto que con una esposa que lo desafía a él y a su autoridad. "Más vale habitar en el desierto que con mujer pendenciera y de mal genio" Proverbios 21:19. Dios es tan firme acerca de este versículo, que lo repite. ¿Está escuchando? "Más vale habitar en un rincón de la azotea que compartir el techo con mujer pendenciera"

Una gotera constante. ¿Dios compara una gotera constante a la mujer contenciosa que eventualmente causa que una persona se vaya de la casa? ¿Por qué no simplemente el hombre arregla la gotera? ¡Porque Dios dice que eso es imposible! "Gotera constante en un día lluvioso es la mujer que siempre pelea. Quien la domine, podrá dominar el viento, y retener aceite en la mano" Proverbios 27:15–16.

Siendo sujeta

Muchas de sus contenciones pueden estar arraigadas en el hecho de que usted cree que el matrimonio es una sociedad. Esto es lo que yo creía y después descubrí que ¡no era verdad! En lugar de eso, Dios ha puesto a la familia, junto con el resto de la creación, en niveles de autoridad. Nuestros esposos son nuestra autoridad. Esto es importante que usted lo entienda. "Ahora bien, quiero que entiendan que Cristo es cabeza de todo hombre, mientras que el hombre es cabeza de la mujer y Dios es cabeza de Cristo" 1 Corintios 11:3. "Así como la iglesia se somete a Cristo, también las esposas deben someterse a sus esposos en todo" Efesios 5:24.

¿Qué es la sumisión o el ser sujetas? Es obedecer sin una palabra, aún si nuestro esposo está siendo desobediente. No es responder un insulto con insultos o amenazar a él. 1 Pedro 3:9 dice: "No devuelvan mal por mal ni insulto por insulto; mas bien, bendigan…" "Más bien bendigan" quiere decir responder a un insulto con un cumplido o una buena actitud "al observar su conducta íntegra y respetuosa" 1 Pedro 3:2.

¿Es la sumisión aplicable hoy en día? "Jesucristo es el mismo ayer y hoy y por los siglos" Hebreos 13:8. En Mateo 5:18 Jesús dice: "Les aseguro que mientras existan el cielo y la tierra, ni una letra ni una tilde de la ley desaparecerán hasta que todo se haya cumplido".

Cristo es la cabeza de todos los hombres. ¿Cómo podemos estar seguros de que Dios está sobre Jesús, y mi esposo (salvo o no) está sobre mí? "Ahora bien, quiero que entiendan que Cristo es cabeza de todo hombre, mientras que el hombre es cabeza de la mujer y Dios es la cabeza de Cristo" 1 Corintios 11:3.

Conducta respetuosa. Ahora que estamos seguros de que Dios está hablando a todas las esposas, ¿qué es lo que Él manda? "Así mismo, esposas, sométanse a sus esposos, de modo que si algunos de ellos no creen en la palabra, puedan ser ganados más por el comportamiento de ustedes que por sus palabras, al observar su conducta íntegra y respetuosa" 1 Pedro 3:1–2.

Estando sujetas. "Esposas, sométanse a sus propios esposos como al Señor. Porque el esposo es cabeza de su esposa, así como Cristo es cabeza y salvador de la iglesia, la cual es su cuerpo. Así como la iglesia se somete a Cristo, también las esposas deben someterse a sus esposos en todo" Efesios 5:22–24. Esta Escritura explica que nuestra relación con nuestros esposos debe ser la misma que la de Cristo con la iglesia. ¿No es triste que muchas iglesias no se someten a Cristo y a Sus enseñanzas, justo como muchas mujeres no se someten a sus esposos? ¿Alguna correlación?

Mujeres santas. ¿Dónde está la esperanza en la sumisión? "Así se adornaban en tiempos antiguos las santas mujeres que esperaban a Dios, cada una sumisa a su esposo" 1 Pedro 3:5. Nuestra esperanza y confianza está en Dios.

Protector. Cuando nosotras las mujeres nos protegemos a nosotras mismas porque sentimos que podemos "pelear nuestras propias batallas," estamos dando a entender que ¿para qué necesitamos a nuestros esposos? ¿Fue usted la persona que le dijo al vendedor que se fuera o se deshizo de ese muchacho en la puerta, probablemente con más gusto que su esposo hubiera tenido? ¿Olvidó su esposo cómo respaldarla porque usted siempre tomaba el mando? ¿Quién realmente llevaba los pantalones en su hogar? ¿Quién era en realidad más fuerte?

Si su esposo le dijo algo, tal como tómalo con calma o tranquilízate, ¿le respondió usted que se ocupara de sus propios asuntos o algo peor? ¡Pero es asunto del esposo el proteger a su esposa y a sus hijos! Así que, ¿qué hizo su esposo cuando usted continuó tomando el mando o estando a cargo? Primero, se contuvo porque no quería otra pelea; después se mudó de la casa de "constante gotera;" ¡después encontró otra mujer a quien darle su afecto! Si usted sigue siendo contenciosa aún después de todo eso, entonces, cuando él ande cerca de su casa o le llame, o le escriba un correo electrónico él tendrá un recuerdo de por qué él se fue de la casa y permanecerá fuera o lejos.

La raíz de la contienda... ¡estimación propia!

¿Cómo llegaron muchas mujeres a ser contenciosas? Nosotras como mujeres somos contenciosas porque nosotras que somos cristianas imitamos al mundo y el pensamiento del mundo. Los libros que leemos, los consejeros que buscamos, las clases a las que asistimos, no reflejan la Palabra de Dios, la cual es pura y sin dobleces. La mayoría de las mujeres cristianas están llenas de psicología.

¡El veneno bañado en chocolate sigue siendo veneno! Mis hermanas en Cristo, la psicología es más peligrosa cuando está bañada en cristiandad ¡porque nos la comemos luego! Nos han lavado el cerebro para pensar que el "amor propio" o la "estimación propia" son cosas buenas, pero no son otra cosa que ORGULLO! ¡¡Ese fue el pecado que resultó en que Lucifer se convirtiera en Satanás!!

La mujer contenciosa y orgullosa, la mujer que "lo sabe todo," es la mujer que discute y quiere que las cosas sean a su manera— porque ella "piensa" que está en lo correcto. Y cuando ella está mal, su estimación propia necesita ser protegido. No hay nunca una palabra humilde o un "Lo siento, yo estaba equivocada" La mujer contenciosa ha estando condicionada a pensar que pedir una disculpa sería muy humillante.

Nuestro orgullo resulta en justicia propia, lo que es la razón por la que muchas mujeres revelan los pecados de sus esposos, ¡porque ellas no pueden ver sus propias pecaminosidades! (Por favor, vuelva a leer acerca de la arrogancia espiritual en el capítulo 2, "el alfarero y el barro")

Cómo librarse a usted misma de la contención y de la justicia propia

Si confesamos. Como podemos claramente ver, vivir con una mujer contenciosa, que se basa en su justicia propia, no es nada menos que una pesadilla, no sólo para los esposos sino también para los hijos. Oremos conforme le pedimos perdón a Dios. Busquemos Su gracia para ayudarnos a ser amables y calladas mujeres quienes son preciosas ante Sus ojos, así como ante los ojos de nuestros esposos. "Si confesamos nuestros pecados, Dios, que es fiel y justo, nos los perdonará y nos limpiará de toda maldad" 1 Juan 1:9.

Confiese. Cuando su esposo venga a la casa del trabajo o venga a visitar, pídale que le perdona por su contención y justicia propia. Si usted ya no tiene contacto con su esposo, ora por una oportunidad para decírselo en el teléfono o en persona. (Por favor, ¡no lo llame!) "Por eso, confiésense unos a otros sus pecados, y oren unos por otros, para que sean sanados. La oración del justo es poderosa y eficaz" Santiago 5:16.

Cuando esté confesando, no continúe y dé un "pequeño discurso" Sólo dígale brevemente que Dios le ha convencido de que usted era escandalosa y discutidora, lo cual se debe a que usted es orgullosa y cree en su propia justicia. Dígale, con la ayuda del Señor, que usted está orando para cambiar la manera cómo ha sido. Dele un beso y ¡abandone el lugar o diga adiós y cuelgue! Luego, confiese a sus hijos y explíqueles cómo Dios va a ayudarle a cambiar mediante la humildad. Muy a menudo ellos ven o escuchan acerca de los pecados de su padre; es importante que ellos vean que la separación o el divorcio no se debió solamente a la culpa de una de las partes.

Primero reconcíliese. Si usted no se siente "dirigida" para ir y hacer estas cosas, nunca regrese a la iglesia. "Por lo tanto, si estás presentando tu ofrenda en el altar y allí recuerdas que tu hermano tiene algo contra ti, deja tu ofrenda allí delante del altar. Ve primero y reconcíliate con tu hermano; luego vuelve y presenta tu ofrenda" Mateo 5:23–24.

Gracia a los humildes. También, asegúrese de que usted es humilde; no sea tan orgullosa para decir así de fácil que es usted una mujer contenciosa. "'Dios se opone a los orgullosos, pero da gracia a los humildes.' Humíllense, pues, bajo la poderosa mano de Dios, para que él los exalte a su debido tiempo" 1 Pedro 5:5–6.

Aquí está la receta médica de Dios. "Llegaron a Mara, lugar que se llama así porque sus aguas son amargas, y no pudieron apagar su sed allí" Éxodo 15:23. Moisés arrojó un árbol en el agua, una representación de la Cruz del Calvario. Usted debe así mismo arrojar la cruz en el mar de su amargura. Cristo murió para librarle de todo pecado, incluyendo sus discusiones contenciosas y orgullosas, y su conducta centrada en usted misma.

Dios nos dijo que si nos humillamos, buscamos su rostro y nos volvemos de nuestros malos caminos, entonces Él nos sanaría. En lugar de eso, nosotros "sigue el consejo de los malvados" (Salmo 1:1) y somos "hombre que confía en el hombre" (Jeremías. 17:5), así que ahora sufrimos nuestras consecuencias—¡sanidad superficial! "Curan por encima la herida de mi pueblo" Jeremías 8:11. "Curan por encima la herida de mi pueblo, y les desean: '¡Paz, paz!', cuando en realidad no hay paz" Jeremías. 6:14.

En lugar de esto, debemos morir a nosotros mismos. "Y él murió por todos, para que los que viven ya no vivan para sí, sino para el que murió por ellos y fue resucitado" 2 Corintios. 5:15. Jesús debe ser nuestro ejemplo, siempre, en todas las cosas, en la manera como anduvo en esta tierra. "La actitud de ustedes debe ser como la de Cristo Jesús (humildad), quien, siendo por naturaleza Dios, no consideró el ser igual a Dios como algo a qué aferrarse. Por el contrario, se rebajó voluntariamente… y se hizo obediente hasta la muerte, ¡y muerte de cruz!" Filipenses 2:5–9.

Compromiso personal: el hacer a otros más importantes que a mí misma, deshaciéndome de mis caminos contenciosos y orgullosos. "Basada en lo que he aprendido de la Palabra de Dios, me comprometo a renovar mi mente y a ser un hacedor de la Palabra siendo humilde y deshaciéndome de mis caminos contenciosos. Sacudiré la paja (psicología) del trigo (la Palabra de Dios) y viviré de acuerdo con Su Palabra solamente"

Fecha: _____ Firma: _____

Capítulo 7

Amabilidad En Su Lengua

"Cuando habla, lo hace con sabiduría; cuando instruye, lo hace con amor."
Proverbios 31:26.

Todas las personas miran cómo una mujer le habla a su esposo y a sus hijos. Cuando una mujer habla respetuosa y amablemente a su esposo y a sus hijos, ella muestra la principal característica de una "mujer piadosa" Sin embargo, aquellas que son impacientes e irrespetuosas se revelan a sí mismas como cristianas débiles e inmaduras.

El discurso amable y gentil es uno de los ingredientes más importantes para un buen matrimonio y para hijos bien portados. La amabilidad es la característica principal de una "mujer piadosa"

Hemos sido engañados por "consejeros" y así llamados "expertos en matrimonio" que dicen que es la FALTA de comunicación la que causa que los matrimonios se destruyan. Investigando en las Escrituras, encontré que ¡Dios tiene MUCHO que decir al respecto de cuánto hablamos, qué decimos, y cómo lo decimos! Sígame para que juntas descubramos la verdad:

¡NO es una "falta" de comunicación!

¡Debemos medir CUÁNTO hablamos!

Muchas palabras. No sólo es la falta de comunicación la que causa problemas en los matrimonios, sino que cuando hay mucha plática y discusión, ¡la trasgresión (una violación de la Palabra de Dios) no puede ni será evitada! "El que mucho habla, mucho yerra; el que es sabio refrena su lengua" Proverbios 10:19.

Se mantiene callada. Otros nos dicen que debemos hablar lo que tenemos en mente y compartir lo que pensamos, pero Dios dice: "El falto de juicio desprecia a su prójimo, pero el entendido refrena su lengua" Proverbios 11:12. "El que refrena su lengua protege su vida, pero el ligero de labios provoca su ruina" Proverbios 13:3.

Cierra sus labios. En realidad, Dios dice que practicamos sabiduría y parecemos sabios cuando no decimos nada. "Hasta un necio pasa por sabio si guarda silencio; se le considera prudente si cierra la boca" Proverbios 17:28. "Cuando ustedes digan 'sí', que sea realmente sí; y cuando digan 'no', que sea no. Cualquier cosa de más, proviene del maligno" Mateo 5:37.

Sin una palabra. Dios habla directamente a la mujer para que se mantenga en silencio. "Así mismo, esposas, sométanse a sus esposos, de modo que si alguno de ellos no creen en la palabra, puedan ser ganados más por el comportamiento de ustedes que por sus palabras, al observar su conducta íntegra y respetuosa" 1 Pedro 3:1–2. "Guarden las mujeres silencio en la iglesia" 1 Corintios 14:34.

Gentil y con espíritu apacible. Dios encuentra preciosa delante de Él a la mujer callada. ¿Es usted aquélla? "La que procede de lo íntimo del corazón y consiste en un espíritu suave y apacible" 1 Pedro 3:4. "¡Cuida bien lo que se te ha confiado! Evita las discusiones profanas e inútiles, y los argumentos de la falsa ciencia. Algunos, por abrazarla, se han desviado de la fe" 1 Timoteo 6:20.

¡Quítese de su camino!

Quítese de su camino. "Dichoso el hombre que no sigue el consejo de los malvados, ni se detiene en la senda de los pecadores… sino que en la ley del Señor se deleita, y día y noche medita en ella" Salmos 1:1. Quítese del camino de su esposo; ¡usted no es su autoridad! La segunda línea nos dice lo que tenemos que hacer; meditar en Su

Palabra y dejar a nuestro esposo en las manos de Dios. Dios debe ser quien cambie a su esposo; ni siquiera su esposo puede cambiarse a sí mismo.

¡Quítese de estar detrás de él y ore! Usted puede ayudar a sanar su hogar con sus oraciones. "Por eso, confiésense unos a otros sus pecados, y oren unos por otros, para que sean sanados. La oración del justo es poderosa y eficaz" Santiago 5:16. Si usted sí habla, entonces es MUY importante que ¡elija sus palabras muy cuidadosamente!

Entregue, MEDIANTE ORACIÓN solamente, el rumbo de su esposo a Dios. Usted debe entender también que usted no es responsable por lo que su esposo hace; él tiene que dar cuentas a Dios por sus acciones. "Cada uno es tentado cuando sus propios malos deseos lo arrastran y seducen" Santiago 1:14. Cierre su boca; luego quítese del camino de su esposo.

Dios nos dice que seamos cuidadosos con lo que decimos

Guarda su boca. ¿Cuántas veces se ha metido en problemas por las palabras que ha dicho? "La boca del justo profiere sabiduría, pero la lengua perversa será cercenada" Proverbios 10:31. "El charlatán hiere con la lengua como con una espada, pero la lengua del sabio brinda alivio" Proverbios 12:18. "El que refrena su boca y su lengua se libra de muchas angustias" Proverbios 21:23.

Lo que procede de la boca. Este enunciado es claro. ¡Lo que usted dice es MUY importante! "Porque por tus palabras se te absolverá, y por tus palabras se te condenará" Mateo 12:37. "Lo que contamina a una persona no es lo que entra en la boca sino lo que sale de ella" Mateo 15:11. "...abandonen también todo esto: enojo, ira, malicia, calumnia y lenguaje obsceno" Colosenses 3:8.

Atención a la Palabra. La Escritura describe dos tipos de esposas. ¿Cuál de ellas es usted? "La mujer ejemplar es corona de su esposo; la desvergonzada es carcoma en los huesos" Proverbios 12:4. "El que atiende a la palabra, prospera" Proverbios 16:20.

Habla como un niño. ¿Ha madurado usted? ¿O es usted todavía una niña que dice cosas que lastiman a otros? Una de las más grandes mentiras que aprendimos como niños fue que los palos y piedras podrán romper mis huesos, pero las palabras nunca me herirán. Muchos de nosotros nunca nos hemos recuperado de algunas de las palabras que nos fueron dichas cuando éramos niños. "Cuando yo era niño, hablaba como niño, pensaba como niño, razonaba como niño; cuando llegué a ser adulto, dejé atrás las cosas de niño" 1 Corintios 13:11.

¿No es acaso tiempo para que nosotros CREZCAMOS? ¡Deje de decir cosas que lastiman a su esposo, a sus hijos y sus relaciones con otros!

Labios honestos. ¿A quién no le gusta una palabra amable de parte de otra persona? "El rey se complace en los labios honestos; aprecia a quien habla con la verdad" Proverbios 16:13. "Anímense unos a otros con salmos, himnos y canciones espirituales. Canten y alaben al Señor… " Efesios 5:19.

Deje las peleas. "Iniciar una pelea es romper una represa; vale más retirarse que comenzarla" Proverbios 17:14. "Los labios del necio son causa de contienda; su boca incita a la riña" Proverbios 18:6. Otra vez, ¡el pelear y contender, NO ES BUENO para el matrimonio (o cualquier otra relación) aunque algunas personas le digan lo contrario!

Fricción constante. ¿Hay en su hogar fricciones constantes? "Las obras de la naturaleza pecaminosa se conocen bien: …discordia, celos, arrebatos de ira, rivalidades, disensiones, …envidia… " Gálatas 5:19–21. "Si alguien enseña falsas doctrinas, apartándose de la sana enseñanza de nuestro Señor Jesucristo y de la doctrina que se ciñe a la verdadera religión, es un obstinado que nada entiende. Ese tal padece del afán enfermizo de provocar discusiones inútiles que generan envidias, discordias, insultos, suspicacias y altercados entre personas de mente depravada, carentes de la verdad" 1 Timoteo 6:3–5.

¡PÓNGANSE DE ACUERDO RÁPIDO! Si usted tiende a pelear, memorice estos dos versículos. ¡Estos versículos me cambiaron totalmente! "…llega a un acuerdo con él (tu adversario) lo más pronto posible. Hazlo mientras vayan de camino… " Mateo. 5:25. "Honroso es al hombre evitar la contienda, pero no hay necio que no inicie un pleito" Proverbios 20:3.

Dos de ustedes se pongan de acuerdo. Usted debe intentar encontrar un área de acuerdo en lugar de un punto de discordia en TODO lo que su esposo dice. Si usted no puede encontrar nada en lo que estén de acuerdo, ¡CÁLLESE y sonría! "Además les digo que si dos de ustedes en la tierra se ponen de acuerdo sobre cualquier cosa que pidan, les será concedida por mi Padre que está en el cielo" Mateo 18:19.

Deprime el espíritu. Proverbios también nos dice que ¡lo que decimos puede deprimir el espíritu de nuestros esposos! "La lengua que brinda consuelo es árbol de vida; la lengua insidiosa deprime el espíritu" Proverbios 15:4.

Guardo mi boca como con mordaza. Aquí está un pensamiento sensato: "No me llega aún la palabra a la lengua cuando tú, Señor, ya la sabes toda" Salmo 139:4. "Me dije a mí mismo: 'Mientras esté ante gente malvada vigilaré mi conducta, me abstendré de pecar con la lengua, me pondré una mordaza en la boca.'" Salmo 39:1. Emborzace su lengua. ¡El ayunar es la ÚNICA manera de ser verdaderamente liberada de ser una chismosa! Créame, ¡usted está demasiado débil para hablar!

Calumnia

Su esposo confía plenamente en ella. Otra área con la que debemos ser cuidadosos en la manera como hablamos, lo cual puede resultar en la pérdida de la confianza de nuestros esposos, es cuando hablamos de ellos con otras personas. "Su esposo confía plenamente en ella y no necesita de ganancias mal habidas" Proverbios 31:11. Nosotras nunca deberíamos compartir las debilidades de nuestros esposos o decirle a otros algo que él nos dijo confidencialmente. Recuerde que "el perverso provoca contiendas, y el chismoso divide a los buenos amigos" Proverbios 16:28. Muchas mujeres comparten conmigo (y con cualquier otra persona que conocen y que les presentan) acerca del pecado de adulterio, alcohol, drogas, o pornografía de su esposo.

Yo me NIEGO de escuchar y las detengo en el primer momento. Déjeme preguntarle, "¿A cuántas personas les ha dicho?"

¡Lo haré callar para siempre! "Al que en secreto calumnie a su prójimo, lo haré callar para siempre" Salmo 101:5. Muchas mujeres piensan que ellas están constantemente combatiendo al "enemigo" cuando de hecho es Dios quien está contra ellas. Si usted le ha dicho a otros acerca de su esposo, usted lo ha calumniado. Dios promete que Él traerá destrucción en su vida. Usted puede reprender al enemigo todo lo que usted quiera, pero la Escritura es clara. Usted debe arrepentirse y pedirle al Señor que remueva este pecado de su vida y luego hacer restitución yendo con todas las personas a quienes les dijo. Confiéseles sus propios pecados a ellos y luego comparta todas las cosas buenas que su esposo ha hecho (y está haciendo) por usted.

Un chismoso revela los secretos. Una de las más comunes trampas en las que las mujeres caen es el chisme por el teléfono, encubriéndolo como si estuvieran compartiendo "peticiones de oración" o "motivos de oración" Deje de verse con mujeres chismosas. Haga como Dios ordena: "no te juntes con la gente que habla de más" Proverbios 20:19.

Quite de usted el chisme. Otros pueden no darse cuenta de que usted es una chismosa, pero Dios conoce su corazón. No se engañe a usted misma; usted no necesita saber los detalles de las peticiones de oración— ¡usted es una necia! "El de labios mentirosos disimula su odio, y el que propaga calumnias es un necio" Proverbios 10:18. Todos nosotros debemos deshacernos de compartir peticiones de oración, lo cual no es más que calumnia. "Abandonen toda amargura, ira y enojo, gritos y calumnias, y toda forma de malicia" Efesios 4:31.

Usted puede descubrir conforme se deshaga de este tipo de "compartimiento" que usted no tiene nada que decirle a sus amigas. ¡Eso también resultó en que yo adquirí nuevas amigas! Si usted resiste la tentación de caer en sus viejos caminos, Dios será fiel para enseñarle a edificar en lugar de avergonzar a su esposo. "La mujer ejemplar es corona de su esposo, la desvergonzada es carcoma en los huesos" Proverbios 12:4. Comencemos, en lugar de eso, a "anímense unos a otros con salmos, himnos y canciones espirituales. Canten y alaben al Señor con el corazón" Efesios 5:19.

Dulzura en su habla. Si usted ha avergonzado a su esposo con lo que le ha dicho a él o ha dicho de él, o con su actitud, Dios es tan fiel que ofreció la cura: "Gran remedio es el corazón alegre, pero el ánimo decaído seca los huesos" Proverbios 17:22. "Panal de miel son las palabras amables: endulzan la vida y dan salud al cuerpo" Proverbios 16:24. "Los labios convincentes promueven el saber" Proverbios 16:21.

¡Dios ve! Lo que la Palabra de Dios nos dice que hagamos es medir cuánto hablamos, ganar a nuestros maridos sin una palabra y después quitarnos del camino de nuestros esposos. Dios es también firme acerca de la actitud detrás de nuestras acciones, por cuanto éstas muestran nuestro corazón. "La gente se fija en las apariencias, pero yo (Dios) me fijo en el corazón" 1 Samuel 16:7. La actitud de una mujer piadosa es aquélla de respeto hacia su esposo, el cual es el resultado de un corazón puro.

Respetuosa

Se nos dice que el respeto es algo que nosotros deberíamos demandar de otros. Se nos dice que deberíamos tener respeto por nosotros mismos. Para aprender el verdadero significado del respeto, busquemos un más profundo entendimiento. Nuestros esposos serán ganados "por el comportamiento de ustedes… al observar su conducta íntegra y respetuosa" 1 Pedro 3:1. La palabra respeto está definida en el diccionario como: "una estima o consideración especial en la que uno tiene a otra persona" ¡NO es lo que nosotros demandamos para nosotros mismos!

De acuerdo con el diccionario, respeto(uoso) significa tener admiración, consideración; estimar, honrar, reverenciar, admirar, apreciar, notar, valorar, atesorar. Algunos antónimos (lo opuesto) son desprecio, culpa, y censura. Vamos a estudiar las palabras en negritas a mayor profundidad.

Consideración: atención hacia otros. Hebreos nos dice que necesitamos animar a nuestros esposos y a otros. Mediante nuestras acciones, podemos estimularlos al amor y a las buenas obras también. "Preocupémonos los unos por los otros, a fin de estimularnos al amor y a las buenas obras" Hebreos 10:24. Por lo tanto, cuando somos desconsiderados, ¡motivamos a nuestros esposos e hijos a despreciarnos y a hacer el mal!

Las obras de la carne. Usamos los pecados de nuestros esposos para excusar nuestra falta de respeto por ellos. Aquí está una lista de pecados mencionados en Gálatas. Conforme los lea, por favor tome un momento para subrayar a aquellos pecados que son usualmente cometidos por hombres, los que nosotros en la iglesia llamamos pecados reales.

"Las obras de la naturaleza pecaminosa se conocen bien: inmoralidad sexual, impureza y libertinaje; idolatría y brujería; odio, discordia, celos, arrebatos de ira, rivalidades, disensiones, sectarismos y envidia; borracheras, orgías, y otras cosas parecidas. Les advierto ahora, como antes lo hice, que los que practican tales cosas no heredarán el reino de Dios" Gálatas 5:19–21.

Ahora regrésese y circule los pecados que tendemos a ignorar en la iglesia, aquellos que son usualmente cometidos por mujeres. Para excusar su falta de respeto, basada en los pecados de su esposo, ¡obviamente usted se basa en la IGNORANCIA de excusar su propia pecaminosidad delante del Espíritu Santo! ¡Estamos claramente llenos de pecado, el cual Dios dice que "se conoce bien!"

Mirándose a sí misma. Muchas personas sienten que es su responsabilidad castigar a quienes pecan, especialmente a sus esposos. La Escritura nos dice algo totalmente diferente y nos enseña las consecuencias de estas acciones orgullosas. No olvidemos la viga en nuestro propio ojo. Recuerde que los pecados son iguales delante de Dios.

De nuevo, no permita que Satanás le engañe para que piense que los pecados de su esposo son peores que los suyos "Hermanos, si alguien es sorprendido en pecado, ustedes que son espirituales deben restaurarlo con una actitud humilde. Pero cuídese cada uno, porque también puede ser tentado. Ayúdense unos a otros a llevar sus cargas, y así cumplirán la ley de Cristo. Si alguien cree ser algo, cuando en realidad no es nada, se engaña a sí mismo" Gálatas 6:1–3.

Estima: alta consideración hacia otros. La psicología y los psicólogos cristianos han tomado el mandamiento de Dios "considerando a otros como superiores a sí mismo" y lo han volteado para enseñarnos que debemos edificarnos a nosotros mismos, antes que a otros. Lea este pasaje completo para permitir que la verdad lo haga libre de la estima y el orgullo, el cual está destruyéndole a usted y a su matrimonio:

"No hagan nada por egoísmo o vanidad; más bien, con humildad consideren a los demás como superiores a ustedes mismos. Cada uno debe velar no sólo por sus propios intereses sino también por los intereses de los demás. La actitud de ustedes debe ser como la de Cristo Jesús, quien, siendo por naturaleza Dios, no consideró el ser igual a Dios como algo a qué aferrarse. Por el contrario, se rebajó voluntariamente, tomando la naturaleza de siervo y haciéndose semejante a los seres humanos" Filipenses 2:3–7.

Aprecie a aquellos que estén a cargo de usted.

Su esposo está a cargo de usted. ¿Hizo usted su trabajo más fácil o más difícil? "Ténganlos en alta estima, y ámelos por el trabajo que hacen. Vivan en paz unos con otros" 1 Tesalonicenses 5:13.

Honor: Considerar altamente. Debemos considerar a nuestros esposos dignos de honor, honor que ya deberíamos estarles mostrando. "Todos los que aún son esclavos deben reconocer que sus amos merecen todo respeto; así evitarán que se hable mal del nombre de Dios y de nuestra enseñanza" 1 Timoteo 6:1.

Dios no puede ser deshonrado. Recuerde que al mostrar honor a su esposo, sin importar si sus acciones merecen honor o no, ¡usted trae gloria a Dios! La consecuencia de no mostrar esta clase de respeto es el deshonrar a Dios y Su Palabra. Decimos que somos cristianos, ¡pero nuestros "hechos lo niegan!" (Tito 1:16). "…a ser sensatas y puras, cuidadosas del hogar, bondadosas y sumisas a sus esposos, para que no se hable mal de la palabra de Dios" Tito 2:5. "Esposas, sométanse a sus propios esposos como al Señor" Efesios 5:22.

Con penosos trabajos. "Al hombre le dijo: 'Por cuanto le hiciste caso a tu mujer, y comiste del árbol del que te prohibí comer, ¡maldita será la tierra por tu culpa! Con penosos trabajos comerás de ella todos los días de tu vida" Génesis 3:17. Después de la caída del hombre, tanto al hombre como a la mujer les fueron dados castigos; la mujer tendría dolor al dar a luz y el hombre sufriría penosos trabajos para trabajar la tierra. ¿Así que por qué es el castigo del hombre hoy compartido por tanto al hombre como a la mujer? ¿Por qué nos creímos esta mentira? Por orgullo.

Una mujer llena de orgullo no quiere que le digan qué hacer o cómo debe gastar el dinero. Si ella trabaja y gana su propio dinero, ¡entonces ella puede tomar sus propias decisiones acerca de cómo debe gastar su dinero! Podemos fácilmente deslizarnos de estar bajo la autoridad de nuestros esposos y finalmente de su protección también.

Adicionalmente, cuando las esposas tienen una carrera diferente a la de encargarse de la casa y criar a los hijos, eso divide los intereses de la pareja y nos hace independientes uno del otro. Dios nos lo adviete cuando dice que ¡una casa dividida no podrá estar en pie! ¿Su trabajo o carrera ha destruido su matrimonio? (Véase "los caminos de su casa" en la "La mujer sabia edifica su casa: escrito por la necia que destruyó la suya con sus propias manos)

Concederle honor a ella. Todas las mujeres anhelan que sus maridos las traten como dice el siguiente versículo: "De igual manera, ustedes esposos, sean comprensivos en su vida conyugal, tratando cada uno a su esposa con respeto, ya que como mujer es más delicada, y ambos son herederos del grato don de la vida. Así nada estorbará las oraciones de ustedes" 1 Pedro 3:7. El esforzarnos a ser calladas y gentiles, y a honrar a nuestros esposos en una forma casta y respetuosa, especialmente cuando ellos puedan estar viviendo de manera no honorable, ¡hará que podamos recibir la bendición de tener el honor de nuestros esposos al verlos regresar al hogar!

Aquí están algunas guías espirituales de cómo recibir el honor:

Siendo bondadosas. "La mujer bondadosa se gana el respeto" Proverbios 11:16. Responda bondadosamente a lo que le digan, ¡siempre y con toda la gente! ¡Nunca presione o reaccione exageradamente! Recuerde, usted es la hija del Rey, ¡compórtese como la realeza! Ellos nunca muestran emociones ni rompen en arranques de furia. Piense en la princesa Diana, quien estuvo experimentando toda clase de terrible dolor marital, pero usted nunca la vio tener un arranque o hacer una escena.

Dando honor desde el corazón. "Este pueblo me honra con los labios, pero su corazón está lejos de mí" Mateo 15:8.

Teniendo humildad. "La humildad precede a la honra" Proverbios 15:33.

Siendo humilde. "A los honores los precede la humildad" Proverbios 18:12.

De nuevo, manteniéndose humilde. "El altivo será humillado, pero el humilde será enaltecido" Proverbios 29:23.

Reverencia: un sentimiento de gran respeto, amor, temor reverencial y estima; temer. Muchas mujeres no respetan o muestran reverencia hacia sus esposos. ¿Cómo podemos como mujeres cristianas ignorar las Escrituras? "Y que la esposa respete a su esposo" La versión de Reina Valera dice "y la mujer respete a su marido" Efesios 5:33.

Apreciar: dar reconocimiento favorable; atesorar, gozar, valorar, entender; atesorar (especialmente en los votos del matrimonio), tener cuidado amoroso, mantener viva (emocionalmente). Hablamos acerca de hacer cosas desde el corazón. Si su esposo no es uno de sus tesoros, entonces su corazón no está con él. "Porque donde esté tu tesoro, allí estará también tu corazón" Mateo 6:21.

Algunas veces cuando perdemos algo o temporalmente lo cambiamos de lugar y no lo encontramos, nosotros nos damos cuenta de lo importante que es para nosotros. ¿Fue necesario para usted el perder a su esposo para darse cuenta de lo que tenía? ¡Yo sé que para mí fue necesario!

¿Como puede usted ayudar a sanar a su esposo espiritual
y emocionalmente?

Hable dulce y gentilmente a su esposo cuando el Señor le dé la oportunidad de hablar con él. "La lengua que brinda consuelo es árbol de vida; la lengua insidiosa deprime el espíritu" Proverbios 15:4.

Esta bendición puede ser suya. "Para el afligido todos los días son malos; para el que es feliz, siempre es día de fiesta" Proverbios 15:15. Si su corazón está animado, usted atraerá a su esposo de regreso al hogar, ¡por cuando él abandonó el hogar buscando felicidad! Cuando él deje el lugar donde está viviendo ahora, ¿encontrará alegría de regreso en su hogar?

Aquí está un peligro. Tenga cuidado con lo que dice acerca de su esposo. La vergüenza es un cáncer emocional. "La mujer ejemplar es corona de su esposo; la desvergonzada es carcoma en los huesos" Proverbios 12:4. La putrefacción está definida como la pudrición de la caries; pudrición como la que generan las lombrices que comen. "Pero al fin resulta (la ramera) más amarga que la hiel y más cortante que una espada de dos filos" Proverbios 5:4.

Una buena palabra. NUNCA hable con su esposo acerca de sus problemas, miedos, o ansiedades con respecto a sus pecados (adulterio, abuso, alcohol o drogas), acerca de sus finanzas o acerca del divorcio inminente, por cuanto "la angustia abate el corazón del hombre, pero una palabra amable lo alegra" Proverbios 12:25. Cuando su esposo casualmente le hable a usted, él DEBE irse sintiéndose alegre, no confrontado u oprimido.

Trae sanidad. Su lengua puede tener dos efectos opuestos; ¿cuál escogerá usted? "El charlatán hiere con la lengua como con una espada, pero la lengua del sabio brinda alivio" Proverbios 12:18.

Un corazón gozoso. Tenga un corazón gozoso y feliz. "Gran remedio es el corazón alegre, pero el ánimo decaído seca los huesos" Proverbios 17:22.

Rostro alegre. Permita que su rostro muestre el gozo que hay en su corazón. "El corazón alegre se refleja en el rostro, el corazón dolido deprime el espíritu" Proverbios 15:13. Aprendemos más acerca de estar gozosos y alegres. Alegre: contento, gozoso, regocijado. Gozoso: (ser) una buena mujer, placentera, preciosa, dulce, agradecida, agradable.

Gócese SIEMPRE. En sus circunstancias parece imposible el ser feliz. ¿Cómo puedo estar feliz o gozosa? "Alégrense siempre en el Señor. Insisto: ¡Alégrense!" Filipenses 4:4. Y ¿cuando nos debemos de gozar? "Estén siempre alegres" 1 Tesalonicenses 5:16. Es en Él en quien nos gozamos. Esta es el arma MÁS poderosa en nuestra batalla espiritual —¡¡el ALABAR al Señor cuando la adversidad viene contra nosotros!!

¿Es usted capaz de hacer algo sin murmurar o quejarse? ¿Se queja usted, gime o murmura continuamente acerca de su situación delante de otros o de su esposo? Si así es, ¡usted no es agradecida! "Háganlo todo sin quejas ni contiendas" Filipenses 2:14.

¿Ha usted aprendido el secreto? Nosotros podemos pensar que en nuestras circunstancias tenemos razón para refunfuñar. En lugar de eso, debemos aprender a tener contentamiento. "...he aprendido a estar satisfecho en cualquier situación en que me encuentre. Sé lo que es vivir en la pobreza, y lo que es vivir en la abundancia. He aprendido a vivir en todas y cada una de las circunstancias, tanto a quedar saciado como a pasar hambre, a tener de sobra como a sufrir escasez" Filipenses 4:11–12.

Antonimos de Respeto son desprecio, culpa y censura

¿Usted desprecia a su esposo? ¿Lo culpa por errores pasados? ¿Lo censura acerca de dónde fue o qué dijo? Ahora es el tiempo de renovar su mente. Lea y vuelva a leer este capítulo hasta que haya gastado las páginas y haya roto el empastado. Haga tarjetas de 3 X 5 para cada versículo de la Escritura que le trajo convicción a su espíritu. Manténgalas con usted en su bolsa de mano y léalas a lo largo del día. "Esfuérzate por presentarte a Dios aprobado, como obrero que no tiene de qué avergonzarse y que interpreta rectamente la palabra de verdad" 2 Timoteo 2:15.

En conclusión. Esforcémonos todas nosotras primeramente por aparecer sabias al guardar silencio. Luego asegurémonos que cuando abramos nuestras bocas sea con sabiduría, amabilidad, respeto y edificación. Que nuestras palabras sean dulces y gentiles. Que seamos la "corona" de nuestros esposos por la manera en que manejamos esta adversidad en nuestras vidas, ¡las cuales serán "preciosas" ante los ojos del Señor!

Compromiso personal: abrir mi boca con sabiduría y amabilidad. "Basada en lo que he aprendido de la Palabra de Dios, me comprometo a guardar silencio, a esperar antes de que conteste y a ser dulce en cada una de mis palabras. También me comprometo a demostrar una actitud respetuosa hacia mi esposo por el ejemplo que esto representa para otros y el honor que da a Dios y a Su Palabra"

Fecha: _____ Firma: _____

Capítulo 8

Ganado Sin Una Palabra

"Así mismo, esposas, sométanse a sus esposos,
de modo que si alguno de ellos no creen
en la palabra, puedan ser ganados más por
el comportamiento de ustedes que por sus palabras,
al observar su conducta íntegra y respetuosa."
1 Pedro 3:1

Cualquier cosa que usted quiera decir a su esposo, debe decírselo a Dios en lugar de a su esposo. En este capítulo aprenderemos en la Palabra de Dios, junto con muchos de los "malos frutos" de nuestras acciones, que por cuanto nuestros esposos están por sobre nosotros, nuestras palabras no solamente son inútiles, sino probablemente peligrosas.

Se nos ha dicho que debemos ganar a nuestros esposos "sin una sola palabra" pero con una actitud respetuosa hacia ellos y hacia la autoridad que Dios les ha dado sobre nosotros.

Ganado sin una palabra

¿Debo discutir y compartir mis deseos y mis miedos con mi esposo? No.

Pida a Dios que le hable a su esposo. No debemos discutir nuestros miedos o nuestros deseos con nuestros esposos. En lugar de eso, debemos ir al más alto en jerarquía; debemos acudir a Nuestro Padre

Celestial y apelar delante de Él. Pídale a Dios que sea él quien hable con su esposo (por cuanto el Señor está directamente sobre TODO hombre) acerca de lo que está en su corazón.

Este es el orden apropiado de autoridad. "Ahora bien, quiero que entiendan que Cristo es cabeza de todo hombre, mientras que el hombre es cabeza de la mujer y Dios es cabeza de Cristo" 1 Corintios 11:3. En lugar de buscar la ayuda o guianza de su esposo, usted debe buscar el rostro de Dios. Luego investigue en las Escrituras para encontrar principios de Dios para manejar el dilema al que se enfrenta. Esto confirmará que el Señor le ha hablado a su corazón. Marque el versículo y aférrese a él, SABIENDO que Dios está en control.

Quítese de su camino "Dichoso el hombre que no sigue el consejo de los malvados, ni se detiene en la senda de los pecadores… sino que en la ley del Señor se deleita, y día y noche medita en ella" Salmo 1:1–2. ¡Quítese del camino de su esposo; usted no es su autoridad! La segunda línea le dice lo que usted debe hacer: meditar en Su Palabra y dejar a su esposo en manos de Dios. Dios debe ser quien haga el cambio en su esposo. Ni siquiera su propio esposo puede cambiarse a sí mismo.

Voltee, mediante la ORACIÓN únicamente, la dirección de su esposo hacia Dios. Usted también debe entender que usted no es responsable por lo que su esposo hace; él le da cuentas a Dios por sus acciones. "Cada uno es tentado cuando sus propios malos deseos lo arrastran y seducen" Santiago 1:14.

Las esposas aman el tratar a sus esposos como si ellos fueran una de sus hijos. Este tipo de actitud maternal desgastará a cualquier hombre y agotará su hombría. Entonces, cuando una mujer aparece y lo mira como el hombre, él deja a su esposa por la otra mujer.

¡Quítese de detrás de él y ore! Lo mejor para sanar su hogar, su matrimonio y su familia es mediante la oración. "Por eso, confiésense unos a otros sus pecados, y oren unos por otros, para que sean sanados. La oración del justo es poderosa y eficaz" Santiago 5:16.

Tenga una actitud apropiada "Todos deben someterse a las autoridades públicas, pues no hay autoridad que Dios no haya dispuesto, así que las que existen fueron establecidas por él. Por lo tanto, todo el que se opone a la autoridad se rebela contra lo que Dios ha instituido. Los que así proceden, recibirán castigo" Romanos 13:1–2.

Su esposo es su autoridad ordenada por Dios. Su rebeldía a su autoridad ha permitido que esté en la situación presente. Obedezca y sométase AHORA y mire cómo Dios vuelve el corazón de su esposo hacia su hogar conforme usted honra la Palabra de Dios.

Venza todo mal con bien. Su reacción hacia el mal cuando ocurre le dice a Dios y a otros que le están viendo qué es lo que hay REALMENTE en su corazón. "No te dejes vencer por el mal; al contrario, vence el mal con el bien" Romanos 12:21. Ocurrirá, pero usted puede estar preparada, "… pues ya saben que la prueba de su fe produce constancia" Santiago 1:3.

Tome esta oportunidad para hablar bendiciones de amabilidad para su esposo: "No devuelvan mal por mal ni insulto por insulto; más bien, bendigan, porque para eso fueron llamados, para heredar una bendición" 1 Pedro 3:9. Si usted está de acuerdo con el insulto o la frase hiriente y luego regresa una frase amable o una bendición, ¡esto volteará su situación en un instante!

Sin embargo, la mayoría de las mujeres gastan sus energías defendiéndose a sí mismas o discutiendo el asunto. Aunque ellas intentan que su esposo tome su responsabilidad por lo que pasó, ellas no pueden ver que la situación mejore.

Estas son las mujeres que me escriben correos electrónicos queriendo saber qué está impidiendo su restauración. Pero cuando escucho su actitud condescendiente y despectiva, ¡YO SÉ por qué! Si usted no puede aceptar lo que estoy diciendo, pregúntese ¿por qué su esposo ha escogido dejarle?

¡Concéntrese en amar a lo que es difícil de amar! Cuando usted ama y respeta a su esposo, aún cuando él no es fácil de amar, no es amable y está en pecado, usted le está mostrando amor incondicional. "Si ustedes aman solamente a quienes los aman, ¿qué recompensa recibirán? ¿Acaso no hacen esto hasta los recaudadores de impuestos?" Mateo. 5:46. Dele a Dios sus dolores. Él le ayudará a amar a su esposo si usted sólo se lo pide.

El ministerio de la reconciliación. Como hijos de Dios, somos embajadores del amor de Dios y eso acercará a otros al Señor. "Nos dio el ministerio de la reconciliación… no tomándole en cuenta sus pecados, y encargándonos a nosotros el mensaje de la reconciliación. Así que somos embajadores de Cristo" 2 Corintios 5:18–20.

¿Ha estado usted contando? ¿Repasa usted los pecados y los defectos de su esposo en su mente conforme revela sus deudas a otros? Recuerde, las misericordias de Dios son nuevas cada mañana, ¿sucede así con las suyas?

Nuestro primer campo misionero. Su actitud puede ser, ¿Por qué debo ministrar a mi esposo el pecador? Porque el Señor nos da a nuestros esposos y a nuestros hijos como nuestro primer "campo misionero" antes de que podamos ser verdaderamente efectivos con otros.

Nosotros, por supuesto, queremos adelantarnos a Dios antes de que estemos realmente listos y ministramos a los de la iglesia, el vecindario y el trabajo —¡mientras que descuidamos nuestro ministerio en el hogar! Si usted no ha ganado a su esposo o hijos para el Señor ¿cómo puede ganar a los perdidos?

Muchas mujeres actúan como víctimas que tienen que vivir con un incrédulo. Sin embargo, ellas son las que alejan al Señor o a sus esposos del Señor. ¡Un fariseo que asiste a los cultos y después actúa arrogantemente y finge ser espiritual, ¡impide que los perdidos quieran tener una relación con el Señor! ¿Es usted esta persona?

Dios quiere que aprendamos a tener contentamiento ANTES de que Él cambie a nuestros esposos. Si usted está todavía refunfuñando y lamentando su situación, ¡entonces prepárese para seguir en ella! Podemos ver en la vida de Pablo: "No digo esto porque esté necesitado, pues he aprendido a estar satisfecho en cualquier situación en que me encuentre. Sé lo que es vivir en la pobreza, y lo que es vivir en la abundancia. He aprendido a vivir en todas y cada una de las circunstancias, tanto a quedar saciado como a pasar hambre, a tener de sobra como a sufrir escasez" Filipenses 4:11–12.

Pablo continúa diciendo (el versículo que usted escucha tan a menudo): "Todo lo puedo en Cristo que me fortalece" Filipenses 4:13. Usted continuará estando en dificultades hasta que haya APRENDIDO a contentarse en ellas—¡punto!

Creada de una manera unica

Creada para el hombre. Mujeres, es importante que busquemos la sabiduría, el conocimiento, y el entendimiento de la Palabra de Dios para completamente apreciar cómo fuimos creadas y por qué fuimos creadas. 1 Corintios 11:8–9 dice "De hecho, el hombre no procede de la mujer sino la mujer del hombre; ni tampoco fue creado el hombre a causa de la mujer, sino la mujer a causa del hombre"

Conforme comenzamos a movernos en el plan perfecto de Dios para nuestra vida, entonces nosotros podemos vivir la vida abundante que Dios promete en Su Palabra. Nuestra vida reflejará la Palabra de Dios, en lugar de negarla. Y aún más importante, otros serán atraídos a Cristo mediante el testimonio de nuestra vida.

Ayuda adecuada. "Así el hombre fue poniéndoles nombre a todos los animales domésticos, a todas las aves del cielo y a todos los animales del campo. Sin embargo, no se encontró entre ellos la ayuda adecuada para el hombre" Génesis 2:20. Estos enunciados realmente molestan a las feministas, ¿le molestan a usted también?

Como cristianas, debemos renovar nuestra mente para alinearla con la Palabra de Dios. ¡La Palabra de Dios es verdad! Vivir la verdad ciertamente no será fácil y casi parecerá loco al principio para aquellos que observen el cambio en usted. Pero mediante la obediencia a Su Palabra, pronto entenderemos y cosecharemos los galardones de nuestra obediencia. Como cristianos, obedecemos y creemos, aún cuando no vemos los cambios o no entendemos el mandamiento. Esta es la fe que profesamos como creyentes.

Todos nosotros hemos experimentado cómo las maneras del mundo nos han agotado porque hemos tratado de hacer algo para lo cual no fuimos creadas y actuamos en una manera en que NO fuimos diseñadas para actuar. Así que veamos primero cómo y por qué fuimos creadas en el principio.

Muchas de nosotros queremos ser tan buenas ayudantes que hacemos todo por nuestros esposos y realmente les robamos la bendición o les arrebatamos su hombría. Hacemos, hacemos, hacemos. Tomamos decisiones, hacemos todo lo que se relaciona con la casa y con el jardín, y ayudamos proveyendo parte del ingreso. Después nos sorprendemos de que con todo ese tiempo libre él encuentra a una mujer que necesita ayuda a quien pueda cuidar.

Comience a ver los roles que Dios creó como especiales y únicos. Pídale a Dios que le guíe y que le dé discernimiento en cada tarea que usted está actualmente realizando. Si usted ha estado tomando algo que su esposo debería estar haciendo, ore que el Señor lo cambie. Muchas veces es por una mini catástrofe, de la cual su esposo debe rescatarle, por lo que el cambio comienza a suceder. ¡Pero no cause crisis a propósito: espere en el Señor; ¡deje de manipular!

Tampoco importa si su esposo no está en el hogar. Cientos de mujeres han buscado al Señor en esta área y han visto que sus esposos toman el control de las finanzas, del mantenimiento o reposición del automóvil, del jardín, de las reparaciones en casa, etc. ¡Nunca subestime a Dios!

Mujer independiente de hombre. "Sin embargo, en el Señor, ni la mujer existe aparte del hombre ni el hombre aparte de la mujer. Porque así como la mujer procede del hombre, también el hombre nace de la mujer; pero todo proviene de Dios" 1 Corintios 11:11–12.

Dios creó al hombre y a la mujer con diferentes necesidades. Los vacíos en nuestra vida y en la vida de nuestros esposos crean un tipo de ropa de trabajo (o piezas de un rompecabezas, si usted quiere).

Como llenamos nuestros vacíos nosotras mismas o separadas de nuestros esposos, la ropa se desgarra. Cuando más llenamos nuestras necesidades o cuando más nuestros esposos llenan sus necesidades independientemente del matrimonio, nuestra relación se desgarra hasta que no hay nada que quede para sujetarnos.

Las feministas han empujado a la mayoría de nosotras a suplir nuestras propias necesidades y a permitir que nuestros maridos vean por su propio bien. Hemos creído la mentira de que no es bueno depender uno del otro. La frase acuñada "codependiente" anima a muchos a separarse en lugar de apreciar el ser una sola carne. Dios creó un vacío en la vida de cada uno que solamente un cónyuge puede (o debería) llenar. Cuando violamos los caminos de Dios, cosechamos las consecuencias. Los hombres deben ser proveedores, protectores, líderes espirituales, procreadores, y padres. Nuestro rol como esposas, el cual fue diseñado por nuestro Creador, es el ayudar a nuestros esposos, tener, nutrir, y enseñar a los hijos, consolar y proveer alimentos para la familia, y mantener un hogar limpio y cuidado (Vea Tito 2 y Proverbios 31).

Compromiso personal: orar a Nuestro Padre en lugar de rápidamente hablar con nuestros esposos. "Basada en lo que aprendí de la Palabra de Dios, me comprometo a permitirle a Dios que mueva a mi esposo a través de su Espíritu Santo. Por mi parte, voy a 'llevar mis deseos y preocupaciones en oración' buscando Su rostro. Reconozco que la única manera de ganar a mi esposo para la justicia, especialmente en mis circunstancias presentes, es 'sin una sola palabra,' y con mi espíritu respetuoso y humilde"

Fecha: _____ Firma: _____

Capítulo 9

Un Espíritu Suave e Apacible

"Que su belleza sea más bien la incorruptible,
la que procede de lo íntimo del corazón
y consiste en un espíritu suave y apacible.
Ésta sí tiene mucho valor delante de Dios."
1 Pedro 3:4

Las mujeres bulliciosas son comunes hoy en día. Bullicioso es definido como "en voz ofensivamente alta e insistente" Esto no solamente es aceptado sino animado mediante los medios de comunicación.

Tristemente, esta conducta se ha permeado en la iglesia y en los cristianos hoy día. ¿Hay alguna duda de por qué la tasa de divorcio es ahora más alta en la iglesia que el promedio nacional?

Una mujer con un "espíritu suave y apacible" se dice que es pisoteada. Se le dice que su esposo no la respetará si no se defiende a sí misma.

Los esposos aún le dicen a sus propias esposas que les respondan en las peleas o que se defiendan a sí mismas, y al mismo tiempo siguen con el divorcio y se quedan con la otra mujer. Dios dice que un espíritu suave y apacible es precioso para Él, y por lo tanto, es el único camino hacia la sanidad y la restauración.

Sin embargo, cuando un esposo se extravía de la verdad y cae en pecado, usted escucha a cristianos, aún a pastores, aconsejar a sus esposas para usar "amor firme" a pesar de que no es bíblico y destruye matrimonios.

Adicionalmente, con este corazón endurecido, una mujer no está dispuesta a perdonar, porque solamente un corazón de carne, un corazón tierno es capaz de perdonar.

En este capítulo vamos a buscar la verdad al respecto del amor firme y la sanidad que viene a través del perdón.

¿Amor firme?

El amor es paciente. Dios nos da una descripción de amor. Vea si usted puede encontrar la palabra "firme" o alguna palabra remotamente similar. "El amor es paciente, es bondadoso. El amor no es envidioso ni jactancioso ni orgulloso. No se comporta con rudeza, no es egoísta, no se enoja fácilmente, no guarda rencor. El amor no se deleita en la maldad sino que se regocija con la verdad. Todo lo disculpa, todo lo cree, todo lo espera, todo lo soporta. El amor jamás se extingue… " 1 Corintios 13:4–8.

Esto les mando. Otra frase muy popular en la iglesia hoy en día es: "El amor es una elección" Lea conmigo los siguientes versículos para ver si Dios dice que podemos "elegir" amar o si Dios nos manda que lo hagamos así, como seguidores de Cristo. "Éste es mi mandamiento: que se amen los unos a los otros" Juan 15:17. Sí tenemos una elección: el obedecer el mandamiento o no. Esto no es exactamente lo que los psicólogos cristianos nos está diciendo, ¿o sí?

Ama a tus enemigos. Nuestros amigos nos animan a "protegernos a nosotros mismos" o a "no amar a los que son difíciles de amar" ¿Debemos amarlos o no? "Pero a ustedes que me escuchan les digo: Amen a sus enemigos, hagan bien a quienes los odian, bendigan a quienes los maldicen, oren por quienes los maltratan" Lucas 6:27–28.

En este pasaje, Dios es aún más claro. Él aún amonesta a quienes sólo aman a los que son fáciles de amar: "Pero yo les digo: Amen a sus enemigos y oren por quienes los persiguen... Si ustedes aman solamente a quienes los aman, ¿qué recompensa recibirán? ¿Acaso no hacen eso hasta los recaudadores de impuestos?" Mateo 5:44–46.

Dé lugar a la ira de Dios. En el libro que nos habla acerca de ser "firmes" con nuestros cónyuges, se nos dice que confrontemos, que causemos una crisis. En otras palabras, que tomemos las cosas en nuestras manos. ¿Qué nos instruye Dios que hagamos?

"Alégrense en la esperanza, muestren paciencia en el sufrimiento, perseveren en la oración. Bendigan a quienes los persiguen; bendigan y no maldigan. No paguen a nadie mal por mal. Procuren hacer lo bueno delante de todos. Si es posible, y en cuento dependa de ustedes, vivan en paz con todos. No tomen venganza, hermanos míos, sino dejen el castigo en las manos de Dios, porque está escrito: 'Mía es la venganza; yo pagaré', dice el Señor" Romanos 12:12, 14, 17–19.

No amenazaba. Usted se puede preguntar a usted misma "¿Por qué tengo que soportar tal sufrimiento, sin siquiera tener la satisfacción de la venganza?" Lea la explicación de Dios para su sufrimiento.

"Para esto fueron llamados, porque Cristo sufrió por ustedes, dándoles ejemplo para que sigan sus pasos. Cuando proferían insultos contra él, no replicaba con insultos; cuando padecía, no amenazaba, sino que se entregaba a aquel que juzga con justicia" 1 Pedro 2:21,23.

Vence el mal con el bien. "Antes bien, 'si tu enemigo tiene hambre, dale de comer; si tiene sed, dale de beber. Actuando así, harás que se avergüence de su conducta.'" Romanos 12: 20–21.

Dichosos son los humildes. Si usted no toma los asuntos en sus propias manos y toma una posición "firme", otros (aún los cristianos) le dirán que usted es pisoteada. Sin embargo, déjeme recordarle quiénes dijo Jesús que eran dichosos. "Dichosos los humildes, porque recibirán la tierra como herencia" Mateo 5:5.

La justicia de Dios. La gente puede aún recordarle a usted de cuando Jesús volteó las mesas en el templo. Ellos usarán ese ejemplo para decirle que usted está "en lo correcto" al enojarse con otros. Dios dice que Él es un Dios celoso. ¿Podemos nosotros también ser celosos? "Todos deben estar listos para escuchar, y ser lentos para hablar y para enojarse; pues la ira humana no produce la vida justa que Dios quiere" Santiago 1:19–20.

Que usted no haga las cosas que usted quiere. Cuando tenemos un impulso de hacer o decir algo a alguien que no tiene nada que ver con mansedumbre, estamos caminando en la carne y no en el Espíritu. "Así que les digo: Vivan por el Espíritu, y no seguirán los deseos de la naturaleza pecaminosa. Porque ésta desea lo que es contrario al Espíritu, y el Espíritu desea lo que es contrario a ella. Los dos se oponen entre sí, de modo que ustedes no pueden hacer lo que quieren. En cambio, el fruto del Espíritu es amor, alegría, paz, paciencia, amabilidad, bondad, fidelidad, humildad y dominio propio" Gálatas. 5:16–17, 22–23. "Traten a los demás tal y como quieren que ellos los traten a ustedes" Lucas 6:31.

La amabilidad de Dios. Es un engaño el pensar que confrontando y siendo poco amables y firmes cambiaremos a la otra persona. Si eso ha funcionado, ¿por qué Dios usaría la amabilidad para traernos al arrepentimiento? Los pecadores no pasan al frente para aceptar al Señor porque ellos piensan que ellos van a ser criticados o regañados, ¿lo son? "¿No ves que desprecias las riquezas de la bondad de Dios, de su tolerancia y de su paciencia, al no reconocer que su bondad quiere llevarte al arrepentimiento?" Romanos 2:4.

Nadie verá al Señor. Otra razón extremadamente importante para que usted tenga un espíritu suave y apacible cuando trate con su esposo (u otros) es que debemos permitir a otros ver a Cristo en nosotros. "Busquen la paz con todos, y la santidad, sin la cual nadie verá al Señor" Hebreos 12:14.

No piense que puede actuar amable con su esposo, pero actuar horrible con sus hijos, padres, o compañeros de trabajo. Dios está mirando y Él es quien cambiará el corazón de su esposo. Nada está escondido de sus ojos. No olvidemos que Él está mirando nuestros corazones; por lo tanto, aún si usted trata de controlar su enojo, ¡Él está mirando más profundamente!

El ministerio de la reconciliación. Somos los embajadores de Cristo en la reconciliación. "Todo esto proviene de Dios, quien por medio de Cristo nos reconcilió consigo mismo y nos dio el ministerio de la reconciliación: esto es, que en Cristo, Dios estaba reconciliando al mundo consigo mismo, no tomándole en cuenta sus pecados y encargándonos a nosotros el mensaje de la reconciliación. Así que somos embajadores de Cristo, como si Dios los exhortara a ustedes por medio de nosotros: 'En nombre de Cristo les rogamos que se reconcilien con Dios.'" 2 Corintios 5:18–20.

También puede ser tentada. La siguiente Escritura nos advierte acerca de cuando no somos gentiles con quienes han pecado contra nosotros. "Hermanos, si alguien es sorprendido en pecado, ustedes que son espirituales deben restaurarlo con una actitud humilde. Pero cuídese cada uno, porque también puede ser tentado. Ayúdense unos a otros a llevar sus cargas, y así cumplirán la ley de Cristo" Gálatas 6:1–2.

No sea que el Señor lo vea y no lo apruebe. Muchas mujeres han sido muy felices al ver a sus esposos "tener su merecido" cuando Dios los castiga con dificultades financieras u otras pruebas. Entonces ellas ven que las situaciones de sus esposos se recuperan. ¿Por qué pasa esto? "No te alegres cuando caiga tu enemigo, ni se regocije tu corazón ante su desgracia, no sea que el Señor lo vea y no lo apruebe, y aparte de él su enojo" Proverbios 24:17–18.

Hacedores de la Palabra. Es importante que aprendamos la verdad y estemos de acuerdo con lo que dicen las Escrituras, pero no debemos detenernos ahí. "No se contenten sólo con escuchar la palabra, pues así se engañan ustedes mismos. Llévenla a la práctica… no olvidando lo que ha oído sino haciéndolo, recibirá bendición al practicarla" Santiago 1.22, 25. "Así que comete pecado todo el que sabe hacer el bien y no lo hace" Santiago 4:17.

El error de los hombres sin principios. Dios nos ha advertido que nosotros no debemos escuchar o seguir a hombres que nos dicen algo contrario a la Escritura. "Por eso, queridos hermanos, mientras esperan estos acontecimientos, esfuércense para que Dios los halle sin mancha y sin defecto, y en paz con él. Tengan presente que la paciencia de nuestro Señor significa salvación, tal como les escribió también nuestro querido hermano Pablo, con la sabiduría que Dios le dio. En todas sus cartas se refiere a estos mismos temas. Hay en ellas algunos puntos difíciles de entender, que los ignorantes e inconstantes tergiversan, como lo hacen también con las demás escrituras, para su propia perdición. Así que ustedes, queridos hermanos, puesto que ya saben esto de antemano, manténganse alerta, no sea que, arrastrados por el error de esos libertinos, pierdan la estabilidad y caigan. Mas bien, crezcan en la gracia y en el conocimiento de nuestro Señor y Salvador Jesucristo" 2 Pedro 3:14–18.

El amor firme es incorrecto y totalmente contradictorio a las enseñanzas y al ejemplo de Jesús. Aprendamos, en lugar de eso, de Aquél que se describe a sí mismo como "apacible y humilde de corazón" "Carguen con mi yugo y aprendan de mí, pues yo soy apacible y humilde de corazón, y encontrarán descanso para su alma. Porque mi yugo es suave y mi carga es liviana" Mateo 11:29–30.

Perdón

Sólo una mujer con un corazón que es suave y apacible puede perdonar a su esposo. Sin embargo, muchas mujeres han sido engañadas y no perdonan a sus esposos porque ellas no entienden completamente las graves consecuencias de su falta de perdón. Busquemos en las Escrituras para ver lo que Dios dice acerca de perdonar a otros. Aquí están algunas preguntas que nos podemos hacer:

P. ¿POR QUÉ DEBO PERDONAR A MI ESPOSO Y A LOS OTROS INVOLUCRADOS?

Cristo también le ha perdonado a usted. Perdonamos porque Dios nos perdonó. "Más bien, sean bondadosos y compasivos unos con otros, y perdónense mutuamente, así como Dios los perdonó a ustedes en Cristo" Efesios 4:32.

LA PRECIOSA SANGRE DEL PACTO. Jesús derramó Su sangre por el perdón de los pecados—¡aún el perdón del pecado de los esposos! "De hecho, la ley exige que casi todo sea purificado con sangre, pues sin derramamiento de sangre no hay perdón" Hebreos 9:22. "Esto es mi sangre del pacto, que es derramada por muchos para el perdón de pecados" Mateo 26:28.

Reafirme su amor por Él Para aminorar las penas de los ofensores, "más bien debieran perdonarlo y consolarlo para que no sea consumido por la excesiva tristeza. Por eso les ruego que reafirmen su amor hacia él" 2 Corintios 2:7–8.

No deje que Satanás tome ninguna ventaja. Satanás puede usar nuestra falta de perdón contra usted para tomar ventaja. "A quien ustedes perdonen, yo también lo perdono. De hecho, si había algo que perdonar, lo he perdonado por consideración a ustedes en presencia de Cristo, para que Satanás no se aproveche de nosotros, pues no ignoramos sus artimañas" 2 Corintios 2:10–11.

Nuestro Padre no le perdonará a usted sus transgresiones. Dios dijo que Él no nos perdonará si nosotros no perdonamos a otros. "Porque si perdonan a otros sus ofensas, también los perdonará a ustedes su Padre celestial. Pero si no perdonan a otros sus ofensas, tampoco su Padre les perdonará a ustedes las suyas" Mateo 6:14–15. "Así también mi Padre celestial los tratará a ustedes, a menos que cada uno perdona de corazón a su hermano" Mateo 18:35.

P. PERO, ¿NO DEBE ESTAR ARREPENTIDO EL OFENSOR PARA QUE YO LO PERDONE?

PADRE, PERDÓNALOS. Aquellos que crucificaron a Jesús nunca pidieron perdón; ni siquiera se arrepintieron por lo que estaban haciendo o por lo que habían hecho. Si somos cristianos, somos seguidores de Cristo; por lo tanto debemos seguir su ejemplo. "Padre– dijo Jesús–, perdónalos, porque no saben lo que hacen" Lucas 23:34.

Cuando estaban apedreando a Estaban, él clamó justo antes de que muriera: "¡Señor, no les tomes en cuenta este pecado!" Hechos 7:60. ¿Podría usted hacer menos de lo que él hizo?

P. PERO, ¿CUÁN A MENUDO ESPERA DIOS QUE YO PERDONE?

Setenta veces siete. Muchas mujeres exclaman, "¡Pero mi esposo me ha hecho esto antes, a lo largo de todo nuestro matrimonio!" Cuando Pedro le preguntó cuán a menudo él debía de perdonar, Jesús le dijo: "No te digo que hasta siete veces, sino hasta setenta y siete veces" Mateo. 18:22. ¡Eso es 490 veces la misma ofensa!

No lo recuerde. ¿El perdonar realmente significa que yo olvido el pecado, aún en una discusión, aún en el divorcio? "Yo les perdonaré su iniquidad, y nunca más me acordaré de sus pecados" Jeremías 31:34. "Tan lejos de nosotros echó nuestras transgresiones como lejos del oriente está el occidente" Salmo 103:12. "No devuelvan mal por mal ni insulto por insulto; más bien, bendigan, porque para esto fueron llamados, para heredar una bendición" 1 Pedro 3:9.

Esté preparada; Satanás tratará de traer a su mente las viejas transgresiones aún después de que las ha perdonado. Cuando él lo haga, usted debe perdonar de nuevo. Muchas mujeres cuyos esposos les han sido infieles, aún después de que sus esposos han regresado al hogar, han experimentado esas "imágenes en la mente de recuerdos," casi como traumas de guerras "espirituales" Ellas dicen que tienen que perdonar continuamente, algunas veces diariamente.

P. ¿CÓMO ES POSIBLE QUE YO PERDONE COMO DIOS ME HA PEDIDO EN SU PALABRA QUE LO HAGA?

Solamente Dios. Sólo Dios puede ayudarle a hacerlo. Usted se debe humillar a sí misma y pedirle que le dé la gracia. "¿Quién puede perdonar pecados sino sólo Dios?" Marcos 2:7.

Dios da gracia a los humildes ¿Cómo obtengo la gracia que necesito? "Dios se opone a los orgullosos, pero da gracia a los humildes. Humíllense, pues, bajo la poderosa mano de Dios, para que él los exalte a su debido tiempo" 1 Pedro 5:5–6.

Humillen sus corazones. ¿Cómo puedo ganar humildad? "Por haberse rebelado contra las palabras de Dios, por menospreciar los designios del Altísimo. Los sometió a trabajos forzados; tropezaban, y no había quien los ayudara. En su angustia clamaron al Señor, y él los salvó de su aflicción" Salmo 107:11–13. "Cuando ellos enfermaban, yo me vestía de luto, me afligía y ayunaba. ¡Ay, si pudiera retractarme de mis oraciones!" Salmo 35:13. Algunas veces puede ser a través de la enfermedad como Él le calla y humilla a usted. No lo combata—es Dios trabajando.

Primero reconcíliate con tu hermano. ¿Cuándo necesito perdonar a aquellos que me han lastimado? ¿No debería yo tener convicción acerca de esto primero? "Por lo tanto, si estás presentando tu ofrenda en el altar y allí recuerdas que tu hermano tiene algo contra ti, deja tu ofrenda allí delante del altar. Ve primero y reconcíliate con tu hermano; luego vuelve y presenta tu ofrenda" Mateo 5:23–24. Si usted no ha perdonado a alguien, especialmente a su esposo, usted necesita perdir perdón.

Amargura. El no perdonar a alguien causa amargura. La definición de amargura es "¡veneno!" "Abandonen toda amargura, ira y enojo…" Efesios 4:31. El no perdonar a alguien le está devorando a usted, ¡no a la otra persona! "Cada corazón conoce sus propias amarguras…" Proverbios 14:10. "Ya que él conoce los más íntimos secretos" Salmo 44:21.

Un hermano ofendido. Asegúrese de que usted siga las directrices de la Escritura. He escuchado a muchos que han dicho que las cosas en realidad salieron peor cuando ellos pidieron perdón o que no sirvió para nada. Puedo hablar por experiencia propia. En ocasiones, cuando he pedido el perdón de otros, lo he articulado de la manera incorrecta y he ofendido más a la otra persona. "Más resiste el hermano ofendido que una ciudad amurallada" Proverbios 18:19.

Buscando el favor humano. Tenga presente que usted puede engañar a su esposo, pero Dios sabe los motivos de su corazón. "Pero yo (Dios) me fijo en el corazón" 1 Samuel 16:7. "…Con integridad de corazón, como a Cristo. No lo hagan sólo cuando los estén mirando, como los que quieren ganarse el favor humano, sino como esclavos de Cristo, haciendo de todo corazón la voluntad de Dios" Efesios 6:5–6.

Cada palabra ociosa. ¡Prepare cada palabra que dirá! Cada palabra que usted diga debe ser cuidadosamente escogida. "Al necio no le complace el discernimiento; tan sólo hace alarde de su propia opinión" Proverbios 18:2. "Pero yo les digo que en el día del juicio todos tendrán que dar cuenta de toda palabra ociosa que hayan pronunciado" Mateo 12:36.

Intente escribir lo que va a decir. Luego lea lo que escribió en voz alta, poniéndose en los zapatos de la otra persona, y escuchándolo desde el punto de vista de esta persona. ¿Sonaba acusador? Pídale a Dios que le dé las palabras correctas en su boca y que habla a través de usted.

Muchas palabras "El que mucho habla, mucho yerra; el que es sabio refrena su lengua" Proverbios 10:19. Sólo diga que usted hizo; no llene el ambiente con algo como, "Cuando usted hizo tan o tal, entonces yo…"

Él no amenazaba. Si la otra persona comienza a lanzar golpes a diestra y siniestra, no abra su boca para otra cosa que no sea el estar de acuerdo. "Cuando proferían insultos contra él, no replicaba con insultos; cuando padecía, no amenazaba, sino que se entregaba a aquel que juzga con justicia" 1 Pedro 2:23.

Cada palabra ociosa. El hijo pródigo preparó sus palabras después de su decisión de regresar a su hogar: "Tengo que volver a mi padre y decirle: Papá, he pecado contra el cielo y contra ti. Ya no merezco que se me llame tu hijo; trátame como si fuera uno de tus jornaleros" Lucas 15:18–19.

¡Asegúrese de que sus palabras sean suaves y amables TODAS LAS VECES que usted tenga la oportunidad de ver a su esposo! Recuerde, "los labios convincentes promueven el saber" Proverbios 16:21. Y, "Panal de miel son las palabras amables: endulzan la vida y dan salud al cuerpo" Proverbios 16:24.

P. ¿CÓMO PUEDO ESTAR SEGURA DE QUE HE SIDO VERDADERAMENTE PERDONADA?.

Usted sabrá y tendrá la confianza de que usted ha sido verdaderamente perdonada cuando su pecado y su debilidad se presenten tan enormes delante de sus propios ojos que le sea difícil ver los pecados y las debilidades de su esposo. Usted estará ciega ante sus errores pasados, presentes y futuros.

Cuando las mujeres escriben o hablan acerca de ALGO que su esposo está haciendo mal, entonces yo sé que ellas están lejos de la restauración. Muchas de las que han estado buscando restauración no ven progreso porque ellas han fallado en tomar la responsabilidad completa de sus pecados cometidos en el matrimonio, los cuales causaron la separación, el divorcio o el adulterio.

Ellos, en error, quieren "compartir" su parte en esto, lo cual es su propia destrucción. Jesús tomó la responsabilidad completa y absoluta y cargó todos nuestros pecados. Nosotros, también, debemos tomarlo y cargarlo todo. Entonces, como creyentes, podemos buscar al Señor y depositar nuestros pecados a los pies de la cruz, sabiendo que nuestra deuda ha sido pagada.

Compromiso personal: desear y esforzarse por ser gentiles y calladas. "Basada en lo que he aprendido de la Escritura, me comprometo a hacer todo lo que he aprendido siendo rápida para oír y lenta para hablar; a perdonar a aquellos que me han ofendido y a hacer todo lo que yo pueda hacer para reconciliarme con aquellos a quienes he ofendido."

Fecha: _____ Firma: _____

Capítulo 10

Él Vuelve El Corazón

"En las manos del Señor el corazón del rey
es como un río: sigue el curso
que el Señor le ha trazado."
Proverbios 21:1

¿Todos le han dicho que su esposo tiene su propia voluntad; por lo tanto él puede "escoger" no regresar a usted?

Mientras intenta restaurar su matrimonio usted será bombardeada, como otras mujeres han sido, por el ataque violento de aquellos que le dirán que es la elección de su esposo y que él tiene voluntad propia para escoger dejarle a usted o estar con otra mujer. Yo me enfrenté a la misma respuesta, especialmente por parte de pastores. Pero, ¡¡gloria a Dios, Él me enseñó la verdad!!

La clave es no su voluntad, sino la voluntad de Dios. Y mientras yo buscaba la voluntad de Dios, Él me enseñó que era Su voluntad el volver el corazón de mi esposo hacia mí, su esposa, porque es lo que Él unió. ¡Gloria a Dios!

Déjeme mostrarle lo que Él me mostró a mí:

¡¡NO es la voluntad del hombre sino la voluntad de Dios!!

- "Dios hace lo que quiere…" Daniel 4:35
- "…que el Altísimo es el soberano de todos los reinos del mundo, y que se los entrega a quien él quiere" Daniel 4:25.
- "… Dios… puede librarnos… " Daniel 3:17.

Considere a Nabucodonosor. Después de que su orgullo le causara el arrastrarse como un animal, él dijo de Dios "Dios hace lo que quiere con los poderes celestiales y con los pueblos de la tierra. No hay quien se oponga a su poder ni quien le pida cuentas de sus actos" Daniel 4:35. ¿No es éste el mismo Dios que aún hace las cosas de acuerdo con Su voluntad? ¿Es su esposo mayor que el Rey Nabucodonosor?

Considere también a Jonás. Jonás no estaba dispuesto a hacer lo que Dios quería que él hiciera, pero Dios lo hizo estar dispuesto. "El Señor, por su parte, dispuso un enorme pez para que se tragara a Jonás, quien pasó tres días y tres noches en su vientre" Jonás. 1:17. ¡¡Dios ES INFINITAMENTE CAPAZ de hacer que su esposo esté dispuesto!!

Finalmente, considere a Pablo. "Mientras tanto, Saulo, respirando aún amenazas de muerte contra los discípulos del Señor… una luz del cielo relampagueó de repente a su alrededor… Saulo se levantó del suelo, pero cuando abrió los ojos no podía ver… el Señor Jesús… me ha enviado para que recobres la vista y seas lleno del Espíritu Santo. Al instante, cayó de los ojos de Saulo algo como escamas, y recobró la vista. Se levantó y fue bautizado" Hechos 9:1–18.

¡¡Dios es INFINITAMENTE CAPAZ de cambiar a su esposo en un instante!! ¡Lo he visto infinitas veces, con mi propio esposo y con muchos otros esposos! Si usted dice "Pero usted no conoce a mi esposo" Yo le diría— ¡usted no conoce a Dios!

Volviendo el corazón

Usted oirá a pastores y a otros cristianos que dicen que es la voluntad de su esposo el abandonarle, divorciarse de usted, o estar con otra mujer. Pero nosotros acabamos de aprender en la Escritura que no es la voluntad del hombre sino la de Dios.

Puede ser la voluntad de su esposo el abandonarle, divorciarse de usted, o estar con alguien más. Sin embargo, ¡Dios puede cambiar su corazón!

No necesitamos preocuparnos por su voluntad. En lugar de eso necesitamos orar por el corazón de nuestros esposos para que sean cambiados. "En las manos del Señor el corazón del rey es como un río: sigue el curso que el Señor le ha trazado" Proverbios 21:1.

¡Ore que Dios le dé a su esposo un nuevo corazón y reemplace su corazón de piedra por uno de carne! "Les daré un nuevo corazón, y les infundiré un espíritu nuevo; les quitaré ese corazón de piedra que ahora tienen, y les pondré un corazón de carne" Ezequiel 36:26.

El primer paso para cambiar el corazón de su esposo es encontrar las promesas de Dios, Sus verdades, y luego cumplir con las condiciones para esas promesas. Estos son los versículos que yo memoricé y usé para volver el corazón de Dan hacia mí de nuevo.

"Cuando el Señor aprueba la conducta de un hombre, hasta con sus enemigos lo reconcilia" Proverbios 16:7.

"Deléitate en el Señor, y él te concederá los deseos de tu corazón" Salmo 37:4.

"Encomienda al Señor tu camino; confía en él, y él actuará" Salmo 37:5.

"Más bien, busquen primeramente el reino de Dios y su justicia, y todas estas cosas les serán añadidas" Mateo 6:33.

Cuando usted pone a Dios en primer lugar en su vida, Él empezará a volver el corazón de su esposo hacia usted de nuevo. Usted necesita renovar su mente con los versículos en este capítulo y buscar a Dios para que le quebrante y le cambie si usted espera alguna vez que su esposo se preocupe por usted de nuevo.

Veamos las Escrituras que nos dicen que cómo Dios cambió los corazones de hombres y aún de reyes:

"Dios… que puso en el corazón del rey… " Esdras 7:27.

"Yo voy a endurecer el corazón de los egipcios… " Éxodo 14:17.

"El Señor endureció el corazón del faraón… " Éxodo 10:27.

"En las manos del Señor el corazón del rey es como un río: sigue el curso que el Señor le ha trazado" Proverbios 21:1

En el libro de Proverbios aprendemos sabiduría. Proverbios 1 versículo 2 al 7 listan los beneficios de los Proverbios.

Para adquirir sabiduría.

Para discernir palabras de inteligencia.

Para recibir la corrección que da la prudencia, la rectitud, la justicia y la equidad.

Para infundir sagacidad en los inexpertos.

Para infundir conocimiento y discreción en los jóvenes.

¡Lea Proverbios todos los días para obtener sabiduría!

Dios es INFINITAMENTE CAPAZ de volver el corazón de su esposo hacia usted de nuevo, pero si usted sigue siendo contenciosa, si la amabilidad no está en su boda, si usted no muestra un espíritu suave y apacible, entonces una vez que su corazón regrese hacia usted, ¡la VIEJA usted causará que él le abandone de nuevo! ¡Asegúrese de leer y volver a leer este libro una y otra vez! ¡Usted debe ser una nueva mujer para que su esposo se quede con usted!

Recuerde, la razón por la que su esposo le ha dejado o ha sido cautivado en adulterio, es que su hogar no estaba edificado sobre la roca. Estaba dividido; estaba destruido por sus palabras y su actitud– en otras palabras, porque usted era una mujer contenciosa.

Veamos en Proverbios y en algunas otras Escrituras del Nuevo Testamento:

Sus propias manos. "La mujer sabia edifica su casa; la necia, con sus manos la destruye" Proverbios 14:1.

Casa del malvado. "La casa del malvado será destruida" Proverbios 14:11.

Casa dividida contra sí misma. "Todo reino dividido contra sí mismo quedará asolado, y toda ciudad o familia dividida contra sí misma no se mantendrá en pie" Mateo 12:25.

Pero no se derrumbó. "Por tanto, todo el que me oye estas palabras y las pone en práctica, es como un hombre prudente que construyó su casa sobre la roca. Cayeron las lluvias, crecieron los ríos, y soplaron los vientos y azotaron aquella casa; con todo, la casa no se derrumbó porque estaba cimentada sobre la roca" Mateo 7:24–25.

Edificados juntamente. "…siendo Cristo Jesús mismo la piedra angular. En él todo el edificio, bien armado, se va levantando para llegar a ser un templo santo en el Señor. En él también ustedes son edificados juntamente para ser morada de Dios por su Espíritu" Efesios 2:20–22.

No lo separe el hombre. "¿No han leído–replicó Jesús–que en el principio el Creador 'los hizo hombre y mujer', y dijo: 'por eso dejará el hombre a su padre y a su madre, y se unirá a su esposa, y los dos llegarán a ser un solo cuerpo'? Por tanto, lo que Dios ha unido, que no lo separe el hombre" Mateo 19:4–6.

Dios ha prometido restaurarle a su esposo de regreso con usted. "La codicia de mi pueblo es irritable, por perversa, en mi enojo, lo he castigado; le he dado la espalda, pero él prefirió seguir sus obstinados caminos. He visto sus caminos, pero lo sanaré; lo guiaré y lo colmaré de consuelo. Y a los que lloran por él les haré proclamar esta alabanza: ¡Paz a los que están lejos, y paz a los que están cerca! Yo los sanaré–dice el Señor" Isaías 57:17–19.

"Tal vez por eso Onésimo se alejó de ti por algún tiempo, para que ahora lo recibas para siempre, ya no como esclavo, sino como algo mejor: como a un hermano querido, muy especial para mí, pero mucho más para ti, como persona y como hermano en el Señor" Filipenses. 15–16.

¡NADA ES IMPOSIBLE PARA DIOS!

¡EL SEÑOR VUELVE EL CORAZÓN HACIA DONDE ÉL DESEA!

Compromiso personal: pedir a Dios que vuelva el corazón de mi esposo y no temer la voluntad del hombre. "Basada en lo que he aprendido en la Escritura, me comprometo a confiar en el Señor para que vuelva el corazón de mi esposo. Yo disipo las mentiras de que mi esposo tiene una voluntad propia y por lo tanto, Dios no intervendrá a mi favor ni responderá mis oraciones. Por el contrario, creo que la 'voluntad de mi esposo' seguirá hacia donde Dios vuelva su corazón de regreso al hogar"

Fecha_____ Firma: _____

Capítulo 11

Yo Aborrezco El Divorcio

"Yo aborrezco el divorcio —dice el Señor,
Dios de Israel."
Malaquías 2:16.

¿Por qué tantos matrimonios están terminando en divorcios? Todos hemos escuchado las estadísticas… 50% de los primeros matrimonios terminan en divorcio y 80% de los segundos matrimonios terminan en divorcio. Eso significa que ¡sólo 20% de los segundos matrimonios sobreviven! ¡La verdadera lástima es que justo el mismo número de matrimonios terminan en divorcio EN la iglesia! ¡Los cristianos ahora aceptan el divorcio como una opción! ¿Por qué el ataque tan violento hacia los matrimonios?

"Cayeron las lluvias, crecieron los ríos, y soplaron los vientos y azotaron aquella casa; con todo, la casa no se derrumbó porque estaba cimentada sobre la roca" Mateo 7:25. ¿Fue su casa edificada sobre la roca? "Cayeron las lluvias, crecieron los ríos, y soplaron los vientos y azotaron aquella casa, y ésta se derrumbó, y grande fue su ruina" Mateo 7:27.

¡La Roca sobre la que necesitamos construir es la Palabra de Dios! Cuando damos cabida a una idea errónea, Dios nos dice "cada uno es tentado cuando sus propios malos deseos lo arrastran y seducen. (La definición para malos deseos es un "anhelo" por lo que está prohibido). Luego, cuando el deseo ha concebido, engendra el pecado; y el pecado, una vez que ha sido consumado, da a luz la muerte. Mis queridos hermanos, no se engañen" Santiago 1:14–16. Muchos dirán que no hay nada malo con el divorcio, especialmente bajo ciertas circunstancias, y entonces es cuando el engaño sucede.

El engaño

Debemos obedecer a Dios en lugar de a los hombres. Todos tienen sus propias opiniones acerca del matrimonio y de lo que ellos "piensan" que Dios dice en las Escrituras con respecto al matrimonio. Cuando uno busca en las Escrituras, uno descubre que el "área gris" es donde es más fácil pararse, pero no está cimentado en la Palabra de Dios. El matrimonio y el divorcio es claramente un asunto de blanco y negro. El mantenerse firme al respecto resulta poco popular y difícil, por lo que muchos pastores no quieren tomar una postura fuerte contra el divorcio. Pero, "¡Es necesario obedecer a Dios antes que a los hombres!" Hechos 5:29.

Él es nuestra única esperanza de salvación. No siga lo que otras personas dicen. En lugar de eso, siga a Dios; obedézcalo, porque Él es nuestra única esperanza de salvación. No complique Su Palabra tratando de encontrar "lo que usted cree que quiere decir" ¡Él quiere decir exactamente lo que dice!

No me avergüenzo del evangelio de Cristo. Por favor manténgase firme en las enseñanzas de Dios sin importar lo que es popular o cuántas personas en su iglesia se han divorciado y/o vuelto a casar. "No me avergüenzo del evangelio, pues es poder de Dios para la salvación de todos los que creen" Romanos 1:16.

Por favor entienda que ¡si los matrimonios se van a salvar, debemos mantenernos en la verdad! Esos segundos matrimonios que "se ven" felices están de hecho viviendo en derrota, sin ser un testimonio de la fidelidad de Dios. Ellos causan que muchos otros sufran o vivan en un nivel inferior a lo mejor que Dios ofrece, ¡especialmente los hijos, quienes sufren más que todos!

Con gentileza se corrige a los que se oponen. Por favor no debata el asunto del divorcio. Cada persona es responsable de hablar, enseñar y vivir la verdad. Entonces el Espíritu Santo hará el trabajo de convencimiento, el Señor cambiará sus corazones. "No tengas nada que ver con discusiones necias y sin sentido, pues ya sabes que terminan en pleitos. Y un siervo del Señor no debe andar peleando; más bien debe ser amable con todos, capaz de enseñar y no propenso a irritarse. Así, humildemente, debe corregir a los adversarios, con la esperanza de que Dios les conceda el arrepentimiento para conocer la verdad, de modo que se despierten y escapen de la trampa en que el diablo los tiene cautivos, sumisos a su voluntad" 2 Timoteo 2:23–26.

El árbol se conoce por su fruto. Podemos ver los frutos de muchos de aquellos en el liderazgo de la iglesia–los que han permitido que se difunda el abuso de las "excepciones" para el divorcio. Hemos visto que comenzó con la evasiva de "infidelidad o adulterio" y ¡ha conducido a divorcio por prácticamente cualquier razón! Tiene paralelo con lo que ha pasado con el asunto del aborto; ¡violación, incesto, y la salud de la madre ahora representan menos del 1% de los abortos que se practican! "Por sus frutos los conocerán" Mateo 7:16. "Si tienen un buen árbol, su fruto es bueno; si tienen un mal árbol, su fruto es malo. Al árbol se le conoce por su fruto" Mateo 12:33. Podemos claramente ver el fruto malo que ha producido el transigir la Palabra de Dios— matrimonios rotos y votos rotos.

Las preguntas

¿POR QUÉ DEBEMOS ENTENDER Y SEGUIR LA LEY DE DIOS REFERENTE AL MATRIMONIO?

Porque las familias están siendo destruidas, y sin la familia, el fundamento en el que nuestro país se mantiene será removido, ¡y nuestra caída será enorme! Nosotros, como cristianos, tendremos la culpa. No podemos apuntar el dedo hacia otros porque Dios nos promete a nosotros como creyentes que "si mi pueblo, que lleva mi nombre, se humilla y ora, y me busca y abandona su mala conducta, yo lo escucharé desde el cielo, perdonaré su pecado y restauraré su tierra" 2 Crónicas 7:14.

Aún así, los matrimonios cristianos están pereciendo a la misma velocidad de destrucción que los del mundo. ¿Por qué? "Por falta de conocimiento mi pueblo ha sido destruido" Oseas 4:6. Los cristianos han sido engañados, y están siguiendo los caminos del mundo en lugar de los caminos de Dios.

¿CÓMO PODEMOS SABER QUE HEMOS SIDO ENGAÑADOS ACERCA DEL MATRIMONIO Y DEL DIVORCIO?

Apartándose de los mitos. Los que se sientan en las bancas de la iglesia no quieren oír la verdad. "Porque llegará el tiempo en que no van a tolerar la sana doctrina, sino que, llevados de sus propios deseos, se rodearán de maestros que les digan las novelerías que quieren oír. Dejarán de escuchar la verdad y se volverán a los mitos" 2 Timoteo 4:3–4.

Nosotros ahora buscamos soluciones mundanas para matrimonios con problemas o heridos en lugar de buscar al Señor y a Su Palabra. "Pero ustedes son linaje escogido, real sacerdocio, nación santa, pueblo que pertenece a Dios" 1 Pedro 2:9 ¡No somos una nación santa si sólo seguimos el derrotado camino que lleva a la corte de divorcios!

Usted no puede hacer lo que quiere. Su Palabra siempre es consistente; la Palabra de Dios se opone a las filosofías del mundo y algunas veces es difícil de entender y seguir. "El que no tiene el Espíritu no acepta lo que procede del Espíritu de Dios, pues para él es locura. No puede entenderlo, porque hay que discernirlo espiritualmente" 1 Corintios 2:14. "Así que les digo: Vivan por el Espíritu, y no seguirán los deseos de la naturaleza pecaminosa... de modo que ustedes no pueden hacer lo que quieren" Gálatas 5:16–17.

Fruto malo. De nuevo, podemos fácilmente ver "los frutos" de todos los matrimonios cristianos que han sido destruidos porque ellos creyeron las mentiras. "Por sus frutos los conocerán. ¿Acaso se recogen uvas de los espinos, o higos de los cardos? Del mismo modo, todo árbol bueno da fruto bueno, pero el árbol malo da fruto malo" Mateo 7:16–17.

Los hechos escriturales se mantienen firmes

Busquemos más en las Escrituras para ver como Dios ve el matrimonio.

Esposa por pacto. En la noche de bodas, un pacto de sangre es hecho conforme la pareja consuma su matrimonio. "Esta copa es el nuevo pacto en mi sangre" 1 Corintios 11:25.

"Otra cosa que ustedes hacen es inundar de lágrimas el altar del Señor; lloran y se lamentan porque él ya no presta atención a sus ofrendas ni las acepta de sus manos con agrado. Y todavía se preguntan por qué. Pues porque el Señor actúa como testigo entre ti y la esposa de tu juventud, a la que traicionaste aunque es tu compañera, la esposa de tu pacto" Malaquías 2:13–14. "No violaré mi pacto ni me retractaré de mis palabras" Salmo 89:34.

"Todas las sendas del Señor son amor y verdad para quienes cumplen los preceptos de su pacto" Salmo 25:10.

El matrimonio es de por vida. Decimos en los votos hasta que la muerte nos separe. "Así que ya no son dos, sino uno solo. Por tanto, lo que Dios ha unido, que no lo separe el hombre" Mateo 19:6. "Y los dos llegarán a ser un solo cuerpo. Así que ya no son dos, sino uno solo" Marcos 10:8.

¡Dios dice que aborrece el divorcio! Aun así, ¡algunas mujeres están realmente convencidas de que Dios las dirigió al divorcio! Algunas han dicho que Dios las ha "liberado" Él dice…"Yo aborrezco el divorcio—dice el Señor, Dios de Israel" Malaquías 2:16. Él nunca cambia… "Jesucristo es el mismo ayer y hoy y por los siglos" Hebreos 13:8.

Usted no es una excepción. "Ahora comprendo que para Dios no hay favoritismos" Hechos 10:34.

El volverse a casar no es una "opción" ¡La Biblia dice que es "adulterio"! "Pero yo les digo (Jesús mismo lo dijo) que, excepto en caso de infidelidad conyugal, todo el que se divorcia de su esposa, la induce a cometer adulterio, y el que se casa con la divorciada comete adulterio también" Mateo 5:32.

"Les digo que, excepto en caso de infidelidad conyugal, el que se divorcia de su esposa, y se casa con otra, comete adulterio" Mateo 19:9.

Comete adulterio. "El que se divorcia de su esposa y se casa con otra, comete adulterio contra la primera" Marcos 10:11. "Todo el que se divorcia de su esposa y se casa con otra, comete adulterio; y el que se casa con la divorciada, comete adulterio" Lucas 16:18.

Si su esposo muere. "Por eso, si se casa con otro hombre mientras su esposo vive, se le considera adúltera. Pero si muere su esposo, ella queda libre de esa ley, y no es adúltera aunque se case con otro hombre" Romanos 7:3.

¿Se dio usted cuenta de que en ningún lugar de la Biblia se habla de la ESPOSA divorciándose de su esposo? La verdad es que esto nunca fue permitido aún por Moisés quien permitió el divorcio por la dureza de los corazones de los esposos contra sus esposas.

Le faltan sesos. "Pero al que comete adulterio le faltan sesos; el que así actúa se destruye a sí mismo" Proverbios 6:32. "Si alguien comete adulterio con la mujer de su prójimo, tanto el adúltero como la adúltera serán condenados a muerte" Levítico. 20:10.

¿QUÉ HAY DE LA CLÁUSULA DE "EXCEPCIÓN"?

De nuevo, muy pocos divorcios en la iglesia son por la razón del adulterio, aún si esa fuera la correcta "excepción" Realmente, en cada referencia bíblica, las palabras "adulterio" y "fornicación" o "impureza moral" son usadas intercambiablemente como si ellas fueran las mismas palabras —¡pero no lo son! La palabra "adulterio" (la Concordancia de Strong en el griego o lenguaje original es 3429 Moichao) que significa después del matrimonio. La palabra "fornicación" (4202) significa antes del matrimonio. Estos son dos pecados separados y no deberían ser confundidos.

Con esta información, podemos volver a escribir el versículo en Mateo con la traducción correcta, para decir: "…Pero yo (Jesús) les digo que… todo el que se divorcia de su esposa, la induce a cometer adulterio, y el que se casa con la divorciada comete adulterio también" 5:32. Sólo cuando una mujer, en o antes de su boda, era descubierta no siendo virgen, sólo entonces el esposo podía divorciarse de su esposa. Y de nuevo, Moisés sólo permitió a los hombres divorciarse: "Moisés les permitió divorciarse de su esposa por lo obstinados que son—respondió Jesús—. Pero no fue así desde el principio" Mateo. 18:9.

En otras palabras, NO, usted no se puede divorciar de su esposo por ninguna razón. Sólo los hombres se pueden divorciar, aquellos que tienen un corazón endurecido (Mateo. 5:32 y 19:8). Es por esto que usted necesita pedirle al Señor que vuelva y suavice el corazón de su esposo hacia usted. (Vea el capítulo 10 "Él vuelve el corazón")

¡Sea cuidadosa cuando usted dice que "Dios le dijo!" "Yo estoy contra los profetas que sueltan la lengua y hablan por hablar—afirma el Señor—. "Yo estoy contra los profetas que cuentan sueños mentirosos, y que al contarlos hacen que mi pueblo se extravíe en sus mentiras y sus presunciones" Jeremías 23:31–32. "Yo aborrezco el divorcio–dice el Señor, Dios de Israel" Malaquías 2:16. ¡Dios nunca nos dice que vayamos contra Su Palabra! ¡Él nunca cambia! ¡Nunca!

Usted también debe ser muy cuidadosa con lo que dice acerca del divorcio o de volverse a casar, por cuanto podría causar que alguien cayera y se divorciara o se volviera a casar. "¡Ay del mundo por las cosas que hacen pecar a la gente! Inevitable es que sucedan, pero ¡ay del que hace pecar a los demás! Pero si alguien hace pecar a uno de estos pequeños que creen en mí, más le valdría que le colgaran al cuello una gran piedra de molino y lo hundieran en lo profundo del mar" Mateo 18:7,6.

Muchos han sido engañados. "Y no es de extrañar, ya que Satanás mismo se disfraza de ángel de luz" 2 Corintios 11:14. Si usted se siente impulsado a decir o a hacer algo, primero asegúrese de que es consistente con la Escritura. "Pero todo el que me oye estas palabras y no las pone en práctica es como un hombre insensato que construyó su casa sobre la arena. Cayeron las lluvias, crecieron los ríos, y soplaron los vientos y azotaron aquella casa, y esta se derrumbó, y grande fue su ruina" Mateo 7:26–27.

La naturaleza pecaminosa cosecha destrucción. "El que siembra para agradar a su naturaleza pecaminosa, de esa misma naturaleza cosechará destrucción; el que siembra para agradar al Espíritu, del Espíritu cosechará vida eterna" Gálatas 6:8. Verifique para ver cuan "implacable" es usted antes de que vaya en una dirección específica. Los deseos carnales se sienten bien en la carne; si usted tiene una urgencia detrás de ellos, usted no necesita gracia para llevarlos a cabo. "Porque ésta desea lo que es contrario al Espíritu, y el Espíritu desea lo que es contrario a ella. Los dos se oponen entre sí, de modo que ustedes no pueden hacer lo que quieren" Gálatas 5:17.

¡Dios y sólo Dios! ¿Qué conocimiento se ha ganado al ver tantos matrimonios destruidos y con problemas? Cuando dos cosas (o personas) están siendo jaladas o estiradas para separarse por "fuerzas externas," debe haber una "Fuerza más poderosa" que pueda unirlos. ¿Cuál es la "Fuerza más poderosa" que pueda unirle a usted y a su esposo? ¡Dios y sólo Dios! ¡Por su obediencia a Su Palabra! Pero usted tiene que conocer Su Palabra antes de que pueda comenzar a obedecerla. "Por falta de conocimiento mi pueblo ha sido destruido" Oseas 4:6. ¡Es por eso que usted DEBE leer esto una y otra vez!

Hagamos un compromiso personal para

MANTENERNOS CASADAS

y para animar a todos los que conozcamos o con quienes platiquemos para hacer lo mismo.

Compromiso personal: permanecer casada y animar a otras a hacer lo mismo. "Basado en lo que he aprendido de la Palabra de Dios, me vuelvo a comprometer con mi matrimonio. Me humillaré a mí misma cuando sea necesario y tomaré todos los pasos como una "pacificadora" en mi matrimonio. No cubriré mis transgresiones ni causaré que otro se tambalee. Dedicaré mis labios a esparcir la Verdad de Dios acerca del matrimonio de una forma gentil y callada"

Fecha:_____ Firma: _____

— Capítulo 12 —

Pidiéndole A Dios

"Si a alguno de ustedes le falta sabiduría,
pídasela a Dios, y él se la dará,
pues Dios da a todos generosamente
sin menospreciar a nadie."
Santiago 1:5

¡Hemos elaborado "Compañerismo de Restauración" ("Restoration Fellowship") para ayudar a las mujeres a encontrar la ayuda y el apoyo que necesitan. Encuentre una Compañera de Ánimo para reunirse con ella en internet, o para conocerse en persona. Nosotros presentamos parejas de una mujer con otra mujer que está en circunstancias similares. Si usted está separada o divorciada o si su esposo se volvió a casar o si su esposo todavía está viviendo en el hogar, usted encontrará consuelo, apoyo, y comprensión con su Compañera de Ánimo!

¿QUÉ PASA SI MI ESPOSO ES INFIEL Y COMETE ADULTERIO? ¿ME ES PERMITIDO ENTONCES EL DIVORCIARME DE ÉL?

No! Su Palabra dice que un esposo podría divorciarse por la razón de fornicación solamente (que es relaciones previas al matrimonio) si la mujer fue ultrajada, pero no de manera inversa. Esta excepción se refiere al tiempo de los desposorios. La fornicación y el adulterio no son el mismo pecado. Si ellos lo fueran, ambos pecados no estarían mencionados dos veces en el mismo versículo de la Escritura: "…Ni los fornicarios, ni los idólatras, ni los adúlteros…" 1 Corintios 6:9.

Divorciarse de ella en secreto. El divorcio por causa de fornicación era permitido durante el tiempo de los desposorios, como en el caso de José y María. El término prometida y compromiso no eran usados durante este periodo de la historia. El término "esposo" fue usado porque José ya se había comprometido a ser el esposo de María. "José, su esposo… resolvió divorciarse de ella en secreto" Mateo 1:19. Esto fue previo al matrimonio porque el divorcio estaba permitido por el caso de fornicación solamente.

Desposados. ¡El versículo previo explica que el "divorcio" debía tener lugar antes del matrimonio! "María estaba comprometida para casarse con José, pero antes de unirse a él, resultó que estaba encinta… " Mateo 1:18. El límite del tiempo cuando el divorcio podría suceder era inmediatamente después de la noche de bodas, si la MUJER (no el hombre) se descubría no siendo virgen. De nuevo, ¡No hay Escritura que permita a una mujer divorciarse de su esposo!

¿PUEDE ALGUIEN ALGUNA VEZ VOLVERSE A CASAR?

"La mujer está ligada a su esposo mientras él vive; pero si el esposo muere, ella queda libre para casarse con quien quiera, con tal de que sea en el Señor" 1 Corintios 7:39. Para aquéllas mujeres que son viudas, es importante saber que cuando el "Príncipe Azul" llegue a sus vidas, él debe ser viudo también o nunca debió haber estado casado. Recuerden, Satanás usualmente trae sus mejores opciones primero, pero el Señor le hace a usted esperar y ¡entonces trae su mejor opción! "Pero tú, espera en el Señor, y vive según su voluntad" Salmo 37:34.

¿QUÉ PASA SI YA ESTOY EN UN SEGUNDO (O TERCER) MATRIMONIO?

Primero, usted debe pedir perdón a Dios, sin importar si se casó antes de ser salva o no. Usted no puede ser tan efectiva en su caminar cristiano si no puede admitir los pecados pasados. "Quien encubre su pecado jamás prospera; quien lo confiesa y lo deja, halla perdón" Proverbios 28:13. "Si afirmamos que no tenemos pecado, nos engañamos a nosotros mismos y no tenemos la verdad. Si confesamos nuestros pecados, Dios, que es fiel y justo, nos los perdonará y nos limpiará de toda maldad" 1 Juan 1:8–9.

Tiempo de arrepentirse. "Le he dado tiempo para que se arrepienta, de su inmoralidad, pero no quiere hacerlo. Por eso la voy a postrar en un lecho del dolor, y a los que cometen adulterio con ella los haré sufrir terriblemente, a menos que se arrepientan de lo que aprendieron de ella" Apocalipsis 2:21–22. "Por eso, confiésense unos a otros sus pecados, y oren unos por otros, para que sean sanados. La oración del justo es poderosa y eficaz" Santiago 5:16.

¿DEBO RESTAURAR ESTE MATRIMONIO O REGRESAR A MI PRIMER ESPOSO?

Su Voluntad. Después de que confiese su pecado de actuar antes que el Señor y casarse de nuevo o casarse con alguien que ya estaba casado, usted debe rendir su voluntad y preguntarle a su Padre Celestial cuál es Su voluntad para su matrimonio actual. ¿Quiere el Señor que usted continúe buscando restauración para este matrimonio que se está derrumbando? Muchas mujeres se han enfrentado a esta tarea difícil, pero Dios es SIEMPRE fiel y Él le guiará si usted lo busca. Ore por dirección de Dios. "El ladrón no viene más que a robar, matar y destruir; yo he venido para que tengan vida, y la tengan en abundancia" Juan 10:10.

¿QUÉ PASA CON EL VERSÍCULO EN DEUTERONOMIO?

"Si un hombre se casa con una mujer, pero luego deja de quererla por haber encontrado en ella algo indecoroso, sólo podrá despedirla si le entrega certificado de divorcio. Una vez que ella salga de la casa, podrá casarse con otro hombre. Si ocurre que el segundo esposo le toma aversión, y también le extiende un certificado de divorcio y la despide de su casa, o si el segundo esposo muere, el primer esposo no podrá casarse con ella de nuevo, pues habrá quedado impura. Eso sería abominable a los ojos del Señor" Deuteronomio 24:1–4.

Como usted puede ver, este pasaje le dice a una mujer que no regrese a su primer marido. Es por eso por lo que nosotros no animamos a las mujeres a pensar que porque su segundo matrimonio tiene problemas deben regresar a sus primeros esposos. Aquellos que se aferran a los "matrimonios por pacto" se eluden de esto creyendo que Dios no reconoce segundos matrimonios, sino sólo los primeros. Sin embargo, en ningún lugar se declara esto claramente en las Escrituras, y este pasaje contradice esta teología del "pacto"

En segundo lugar, este pasaje específicamente dice que es la mujer la que se vuelve a casar y habla del profanación de ella. En estos días, cuando estamos "mezclando" los roles y los sexos se ven de la misma manera, puede ser difícil para usted comprenderlo, pero el profanación es en la mujer, no en el hombre. Esto está confirmado en muchos versículos:

"Le he dado tiempo para que se arrepienta de su inmoralidad, pero no quiere hacerlo. Por eso la voy a postrar en un lecho del dolor, y a los que cometen adulterio con ella los haré sufrir terriblemente, a menos que se arrepientan de lo que aprendieron de ella" Apocalipsis 2:21–22.

Este versículo nos dice que el castigo y el pecado eran diferentes para el hombre y la mujer, por cuando era la inmoralidad y los actos de ella. Si usted quiere verificar más a profundidad, a lo largo de todo Levítico usted podrá ver la protección o el castigo por el profanación de la mujer únicamente.

Si usted ha permanecido sin casarse y sin ser profanada, entonces este versículo realmente no aplicaría para usted. Sin embargo, para aquéllas que han sido profanadas, Dios envió a Su hijo para el perdón de TODOS los pecados. Su sangre cubre su PROFANACIÓN también. No estamos más bajo la ley pero vivimos bajo la gracia cuando aceptamos el regalo de la salvación.

Un fundamento adúltero ¿Es su matrimonio actual el resultado de una relación de adulterio? ¿Estaba usted o su esposo casados con otra persona? ¿Está el cónyuge anterior todavía sin casarse? Si usted contestó sí a todas estas tres preguntas, es muy probable que el Señor quiera ayudarle a usted a restaurar su matrimonio previo.

Manténgase sin casarse. ¿Su esposo se ha vuelto a casar? Entonces en este momento usted ha sido llamada a mantenerse sin casarse y a no buscar restauración para su matrimonio. Si usted creyó con todo su corazón que usted fue "llamada" a luchar por su matrimonio, yo creo que usted estaba en lo correcto. Sin embargo, si su esposo se volvió a casar, entonces es claro que usted trató de conseguirlo en la carne.

"El que siembra para agradar a su naturaleza pecaminosa, de esa misma naturaleza cosechará destrucción; el que siembra para agradar al Espíritu, del Espíritu cosechará vida eterna" Gálatas 6:8. Usted sin duda alguna lo persiguió a su esposo en lugar de dejarlo ir biblicamente (Salmo 1:1, 1 Corintios 7:15). Ahora usted debe permanecer sin casarse y esperar que el matrimonio actual de su esposo termine en divorcio "...que no se vuelva a casar; de lo contrario, que se reconcilie con su esposo" 1 Corintios 7:11.

Detenerse en la senda. "Dichoso el hombre que no sigue el consejo de los malvados, ni se detiene en la senda de los pecadores" Salmo 1:1. Cuando esté tratando con un esposo que es "desobediente a la Palabra" deben haber fases de "soltarlo" sin una sola palabra. Una mujer cuyo esposo está en el hogar, pero no está llegando al hogar a tiempo o para nada, debe dejar de intentar de controlarlo como un policía mediante horas límite de llegar a la casa, "20 preguntas" o la "ley del silencio".

Si una esposa se da cuenta de que su esposo está involucrado con otra mujer, ella debe "soltarlo" no siguiéndolo ni confrontándolo y usar este tiempo como una "llamada de atención" o ella lo orillará a abandonar el hogar o a divorciarse de ella. Si en esta fase él la abandona, o ella continúa estando en su camino en lugar de "soltarlo," él muy probablemente pedirá el divorcio, esperando que esto detendrá las persecuciones de su esposa. Sin embargo, si ella todavía lo persigue, entonces usted verá que el hombre se casará con la otra mujer.

Si ella se aferra, en lugar de "soltar," entonces usted muy probablemente verá a su esposo en un muy fuerte segundo matrimonio. He conocido personalmente a mujeres cuyos esposos se han casado de nuevo, ¡pero ellas siguen firmando con su apellido las tarjetas de navidad o las notas de agradecimiento! Adicionalmente, con esta visión distorsionada de su situación, ellas no tienen escrúpulos al continuar siendo sexualmente íntimos. Raramente usted ve un divorcio ocurrir cuando el esposo está convencido de que básicamente tiene dos esposas.

Muy a menudo una esposa que no suelta verá a su anterior esposo y a su nueva esposa recurrir a tener un hijo de ellos, esperando que esto desanimará a la ex esposa y la hará alejarse. Algunas mujeres me escriben con rabia y enojo contra Dios porque Él no cerró la matriz de la otra mujer. Sin embargo, ellas niegan el reconocer que han fallado al seguir los principios bíblicos de soltarlo y de obtener un espíritu suave y apacible. Ocasionalmente, cuando un esposo sí se divorcia de la otra mujer o la segunda esposa, él no regresa a su primera esposa sino que en lugar de eso ¡busca a alguien nuevo para hacerlo feliz! (Para ser animada, por favor lea el testimonio al final de este capítulo acerca de una mujer que humildemente dejó a su esposo ir y ¡terminó con un matrimonio restaurado!)

¿Qué pasa con mi "matrimonio por pacto"? La verdad acerca de los así llamados "matrimonios por pacto" es que Dios sí reconoce los segundos matrimonios. Adicionalmente, la doctrina del "pacto" anima a aquéllas que están en sus segundos matrimonios a regresar a sus primeros esposos.

Estas doctrinas contradicen estos versículos de las Escrituras: "Si un hombre se casa con una mujer, pero luego deja de quererla por haber encontrado en ella algo indecoroso, sólo podrá despedirla si le entrega certificado de divorcio. Una vez que ella salga de la casa, podrá casarse con otro hombre. Si ocurre que el segundo esposo le toma aversión, y también le extiende un certificado de divorcio y la despide de su casa, o si el segundo esposo muere, el primer esposo no podrá casarse con ella de nuevo, pues habrá quedado impura. Eso sería abominable a los ojos del Señor. No perviertas la tierra que el Señor tu Dios te da como herencia" Deuteronomio 24:1–4.

Estos versículos prueban que Dios reconoce un divorcio y un segundo matrimonio porque si esta mujer no se hubiera vuelto a casar, ella estaría en adulterio, lo que resultaría en que la apedrearan a muerte. Estos versículos también prueban que el animar a una esposa a volver a su anterior cónyuge es alentar una abominación delante del Señor. Nuestro ministerio no alienta la restauración con un anterior cónyuge, pero hemos visto que el Señor lo ha hecho. Hay quienes han tenido restauración en sus primeros matrimonios.

El término "matrimonio por pacto" fue acuñado a partir de Malaquías 2:14: "Y todavía preguntan por qué. Pues porque el Señor actúa como testigo entre ti y la esposa de tu juventud, a la que traicionaste aunque es tu compañera, la esposa de tu pacto" No dice que es el primer matrimonio, o que el primer matrimonio es lo único que el Señor reconocerá. No podemos leer en este versículo lo que QUEREMOS que diga. "Porque llegará el tiempo en que no van a tolerar la sana doctrina, sino que, llevados de sus propios deseos, se rodearán de maestros que les digan las novelerías que quieren oír. Dejarán de escuchar la verdad y se volverán a los mitos" 2 Timoteo 4:3–4.

Ignorando o minimizando el poder de la Sangre de Cristo derramada. Cuando usted cree que Dios no perdona un segundo o subsecuente matrimonio, sino que lo ve como adulterio continuo, usted está diciendo que la sangre de Jesús no es capaz de cubrir el pecado del adulterio causado por el divorcio o el volverse a casar.

Pero este versículo nos dice algo diferente: "¿No saben que los malvados no heredarán el reino de Dios? ¡No se dejen engañar! Ni los fornicarios, ni los idólatras, ni los adúlteros… heredarán el reino de Dios. Y eso eran algunos de ustedes. Pero ya han sido lavados, ya han sido santificados, ya han sido justificados en el nombre del Señor Jesucristo y por el Espíritu de nuestro Dios" 1 Corintios 6:9. ¡Aleluya! ¡Dios puede, y en efecto lo hace, perdonar el adulterio, cualquier y todo el adulterio! "Tampoco yo te condeno. Ahora vete, y no vuelvas a pecar" Juan 8:11.

Orgullo espiritual. ¿Ha mirado a otros que no están en "matrimonios por pacto," que están en segundos o subsecuentes matrimonios, como pecadores? Cuando usted cree que el matrimonio de su esposo es inválido, debido a su creencia de que él es todavía su esposo, entonces usted se eleva por sobre otros, lo cual es pecado. "El fariseo se puso a orar consigo mismo: 'Oh Dios, te doy gracias porque no soy como otros hombres—ladrones, malhechores, adúlteros— ni mucho menos como este recaudador de impuestos. Ayuno dos veces a la semana… "

Lucas 18:11–13. Los fariseos contra quien Jesús siempre habló, pensaron que Jesús y sus apóstoles eran pecadores por sus interpretaciones de la ley y su adherencia a ellas. El fariseo hablaría contra los pecadores duramente y criticando desde su endurecido corazón.

Manténgase sin casarse. ¿La está llamando Dios a que se mantenga sin casarse, al menos por un tiempo? Es una cosa buena el mantenerse sin casarse. Cuando Dan estaba a punto de regresar a la casa, yo tuve el más fuerte deseo de mantenerme sin casarme. No era porque yo no lo quisiera ya más en mi hogar ni que ya no quisiera que mi matrimonio se restaurara, ¡sino porque yo había descubierto que el no tener a un esposo a quien complacer me permitía concentrarme en complacer a mi Señor y Salvador! "A los solteros y a las viudas les digo que sería mejor que se quedaran como yo" 1 Corintios 7:8.

"La mujer no casada, lo mismo que la joven soltera, se preocupa de las cosas del Señor; se afana por consagrarse al Señor tanto en cuerpo como en espíritu. Pero la casada se preocupa de las cosas de este mundo y de cómo agradar a su esposo. Les digo esto por su propio bien, no para ponerles restricciones sino para que vivan con decoro y plenamente dedicados al Señor" 1 Corintios 7:34–35.

¿Podría usted estar satisfecha manteniéndose sin casar? Si usted no lo podría, entonces debe echar una profunda mirada para ver quién es verdaderamente el primero en su vida.

La mayoría de las mujeres a quien he ministrado que están todavía firmes, después de que el esposo se ha vuelto a casar, están más obsesionadas con su anterior esposo que aquéllas cuyos esposos no se han vuelto a casar. Se ha vuelto en idolatría en la mayoría de los casos. ¡El tener a sus esposos de regreso parece ser la meta más importante en sus vidas! Si su esposo se ha vuelto a casar o no, su meta más importante DEBE SER una profunda relación con su Señor y Salvador. Él debe ser el primero en su vida. Si no es ahora, ¿cuándo?

¿Su persecución para restaurar su matrimonio le ha causado el tropezar? ¿Le ha causado que se vuelva espiritualmente arrogante? ¿Se ha vuelto en idolatría? ¿Se ha vuelto usted en una persona sin frutos en su caminar cristiano debido a su anhelo de tener a su anterior esposo y su anterior matrimonio?

Confíe en Él. Si usted quiere la vida abundante que Dios tiene para usted como uno de Sus hijos, usted debe confiar en Él con su vida. Dios quiere darle a usted una vida abundante, no una falsificación. Si usted decide intentar y hacerlo usted mismo, será en vano. El Salmo 127:1 dice "Si el Señor no edifica la casa, en vano se esfuerzan los albañiles" Por favor, ore desde lo profundo de su corazón, "Padre, si quieres, no me hagas beber este trago amargo; pero no se cumpla mi voluntad, sino la tuya" Lucas 22:42.

Ministre. Yo SÉ que si Dios le permitiera a Dan casarse con la otra mujer (como Dan me dijo que iba a suceder), entonces Dios me estaba diciendo que me dedicara a Él, a mis hijos y a ministrar a mujeres más jóvenes. ¿Está usted dispuesta a dedicar su vida a "jactarse acerca de sus debilidades" y a ayudar a ministrar a mujeres más jóvenes o a mujeres heridas? Contacte nuestro ministerio y nosotros le ayudaremos a prepararse para su ministerio.

Conforme se ocupe en las cosas del Señor, hay una gran posibilidad, basada en las estadísticas y en el siguiente versículo, de que Dios se ocupará permitiendo que el matrimonio de su esposo termine en divorcio. "Deléitate en el Señor, y él te concederá los deseos de tu corazón" Salmo 37:4. Si esto ocurre, ¡entonces usted estará en posición de pedir a Dios que restaure su matrimonio! ¿Es posible que esto suceda? ¡Sí! Lea el asombroso y alentador testimonio al final de este capítulo.

¿PUEDE EL ADULTERIO SER PERDONADO?

Sí. Jesús le dijo a la mujer encontrada en adulterio: "Mujer, ¿dónde están? ¿Ya nadie te condena? …Tampoco yo te condeno. Ahora vete y no vuelvas a pecar" Juan 8:10–11. En realidad, no solamente el adulterio NO es razón para el divorcio, sino que es razón para perdón como Cristo nos mostró en Juan 8:10.

También tenemos un ejemplo en Oseas acerca de un cónyuge perdonando el adulterio, en Oseas 3:1. "El señor... me dijo: 'Ve y ama a esa mujer adúltera, que es amante de otro.'" Luego, en 1 Corintios 6:9–11, cuando Dios se refiere a los adúlteros y a los fornicarios, Él dice "Y eso eran algunos de ustedes. Pero ya han sido lavados, ya han sido santificados, ya han sido justificados en el nombre del Señor Jesucristo y por el Espíritu de nuestro Dios" Somos lavados en Su sangre de perdón.

Aún así, muchos pastores dicen que el adulterio es razón para el divorcio. "Ustedes han oído que se dijo: 'No cometerás adulterio.' Pero yo les digo que cualquiera que mira a una mujer y la codicia ya ha cometido adulterio con ella en el corazón" Mateo 5:27–28. Si es verdad que el adulterio es causa de divorcio, ¡entonces la mayoría de las mujeres casadas podrían divorciarse de sus esposos porque la mayoría de los hombres han tenido lascivia viendo fotos de mujeres en la televisión o en las revistas!

Si usted ha cometido adulterio, usted debe confesar su pecado a su esposo si él no está al tanto de su infidelidad. "Quien encubre su pecado jamás prospera; quien lo confiesa y lo deja, halla perdón" Proverbios 28:13.

¿No está bien el volver a casarse, si es bajo las circunstancias correctas? Muchas iglesias y pastores dicen que el divorcio está bien en algunas situaciones, pero este versículo dice: "Todo el que infrinja uno solo de estos mandamientos, por pequeño que sea, y enseñe a otros a hacer lo mismo, será considerado el más pequeño en el reino de los cielos; pero el que los practique y enseñe será considerado grande en el reino de los cielos" Mateo 5:19.

¿Cómo puedo estar seguro de que lo que este libro dice es correcto y que lo que muchas iglesias están diciendo es incorrecto? "Cuídense de los falsos profetas. Vienen a ustedes disfrazados de ovejas, pero por dentro son lobos feroces. Muchos me dirán en aquél día: 'Señor, Señor, ¿no profetizamos en tu nombre, y en tu nombre expulsamos demonios e hicimos muchos milagros?' Entonces les diré claramente: 'Jamás los conocí. ¡Aléjense de mí, hacedores de maldad!'" Mateo 7:15, 22–23. ¿No se están derrumbando muchos de los matrimonios en su iglesia y las familias se están disolviendo? Estos son los malos frutos.

Muchos pastores sienten una convicción por el matrimonio "muy en lo profundo," pero no quieren "ofender" a nadie, especialmente a aquellos miembros de la iglesia que están en su segundo y tercer matrimonio. "¿No saben que la amistad con el mundo es enemistad con Dios? Si alguien quiere ser amigo del mundo se vuelve enemigo de Dios" Santiago 4:4.

Llevados de sus propios deseos. Si un pastor o una iglesia toma una postura contra el divorcio y el volverse a casar, es etiquetado como legalista o crítico. Y aquellos que quieren "hacer su propia cosa" irán a otra iglesia para oír lo que ellos quieren oír (llevados de sus propios deseos).

"Porque llegará el tiempo en que no van a tolerar la sana doctrina, sino que, llevados de sus propios deseos, se rodearán de maestros que les digan las novelerías que quieren oír. Dejarán de escuchar la verdad y se volverán a los mitos" 2 Timoteo 4:3–4.

POR CUANTO YA ESTOY DIVORCIADA O ESTOY SOLTERA DE NUEVO, ¿ME PODRÍA VOLVER A CASAR O AL MENOS PODRÍA SALIR CON ALGUIEN Y LUEGO PEDIR A DIOS QUE ME PERDONE?

Primero que nada, usted no está soltera. Solo alguien que nunca ha estado casada (o que es viuda) es soltera. "Por eso, si se casa con otro hombre mientras su esposo vive, se le considera adúltera. Pero si muere su esposo, ella queda libre de esa ley, y no es adúltera aunque se case con otro hombre" Romanos 7:3.

En segundo lugar, usted cosechará lo que ha sembrado. "No se engañen: de Dios nadie se burla. Cada uno cosecha lo que siembra" Gálatas 6:7. Usted está decidiendo pecar deliberadamente. "Así que comete pecado todo el que sabe hacer el bien y no lo hace" Santiago 4:17.

Terrible cosa. Usted se estará colocando a usted misma en terreno para la venganza de Dios. "Si después de recibir el conocimiento de la verdad pecamos obstinadamente, ya no hay sacrificio por los pecados. ¿Cuánto mayor castigo piensan ustedes que merece el que ha pisoteado al Hijo de Dios, que ha profanado la sangre del pacto por la cual había sido santificado, y que ha insultado al Espíritu de la gracia? 'Mía es la venganza; yo pagaré...' 'El Señor juzgará a su pueblo.' ¡Terrible cosa es caer en manos del Dios vivo!" Hebreos 10:26, 29–31.

Nota: En los últimos meses, el Señor ha estado inundándome con conocimiento acerca de aquellos que han "conocido la verdad" pero, no obstante, la han ignorado para hacer "lo que les plazca" Algunos de los testimonios más horribles, abominables, y conmovedores que he oído han sido compartidos conmigo recientemente.

Damas, Dios no puede ser engañado. Usted no se beneficiará de ignorar la Palabra de Dios, ni cambiando la obediencia por un "mejor matrimonio" (o relación) con alguien nuevo.

Si ustedes me aman

Concluyendo, "Si alguien enseña falsas doctrinas, apartándose de la sana enseñanza de nuestro Señor Jesucristo y de la doctrina que se ciñe a la verdadera religión, es un obstinado que nada entiende. Ese tal padece del afán enfermizo de provocar discusiones inútiles que generan envidias, discordias, insultos, suspicacias y altercados entre personas de mente depravada, carentes de la verdad" 1 Timoteo 6:3–5.

"Si ustedes me aman, obedecerán mis mandamientos" Juan 14:15. Si usted dice que cree en Dios, entonces obedézcalo. "¿Por qué me llaman ustedes 'Señor, Señor', y no hacen lo que yo les digo?" Lucas. 6:46. Si usted ha decidido pedirle a Jesús para su salvación pero no está siguiendo Sus enseñanzas, entonces Él no es su Señor y Amor. Si Él es su Señor, entonces asegúrese de que usted actúa conforme a ello. ¡Obedézcalo!

¡Hagamos un compromiso personal para

BUSCAR AL SEÑOR

y para alentar a otros a hacer lo mismo!

Compromiso personal: buscar al Señor al respecto de si voy a restaurar este matrimonio. "Basada en lo que he aprendido de la Palabra de Dios, me comprometo a preguntarle a Dios si voy a restaurar este matrimonio o no. Rendiré mi voluntad, queriendo únicamente Su voluntad por cuanto Él es mi Señor. Nunca voy a juzgar a quien esté en un segundo o subsecuente matrimonio, pero voy a reconocer que la sangre de Jesús es capaz de cubrir el pecado del adulterio"

Fecha:_____ Firma: _____

Testimonio: RESTAURADO DESPUÉS DE QUE EL ESPOSO SE VOLVIÓ A CASAR

Una mujer de California me escribió acerca de la restauración de su hogar. Las cosas estaban progresando muy favorablemente y tanto ella como yo teníamos esperanzas de que su matrimonio sería restaurado pronto. Sin embargo, un día ella escuchó a través de un amigo que su esposo se había vuelto a casar con la otra mujer. Descorazonada, me escribió: "¿Ahora qué?"

Yo compartí con ella mucho de lo que usted acaba de leer en este capítulo de volverse a casar. Ella me respondió y me agradeció. Ella dijo que una vez que ella se volvió una persona satisfecha con la voluntad aparente de Dios, y una vez que rindió su voluntad contra la de Él, ella estaba en paz y satisfecha de vivir una vida soltera, y nunca casarse (ella tenía alrededor de treinta años).

Dentro de un año, ella me escribió de nuevo diciéndome que su anterior esposo recientemente la había contactado. ¡Él dijo que se dio cuenta de que cometió el más grande de los errores en su vida! Él ya se había separado de su nueva esposa y estaba pidiendo el divorcio. Él quería saber si ella consideraría el salir con él de nuevo o si ella lo consideraría después de que él estuviera legalmente divorciado. ¡Él le dijo que era su intención volver a casarse con ella si ella lo aceptaba!

En nuestro ministerio, nunca hemos visto a un hombre o a una mujer regresar después de haberse casado de nuevo, excepto este único caso. Pero, de nuevo, déjeme enfatizar que esta fue la única mujer que aceptó el consejo escritural.

Una vez que lo dejó en paz, su anterior esposo fue capaz de sentir el impacto completo de su errónea decisión de casarse con otra mujer. Él no había visto u oído nada de su anterior esposa durante este tiempo, pero tuvo que buscarla para encontrarla (ellos no tenían hijos). Digo esto para aquéllas que tienen miedo de soltar, por miedo de que Dios no es capaz de traer a esa persona de regreso.

En oración, considere el convertirse en miembro de nuestra Asociación de Restauración (Restauration Fellowship) para que le ayudemos a ver SU matrimonio a través de su restauración. Usted puede encontrar los muchos beneficios de convertirse en nuestro miembro, en nuestra página de internet.

Capítulo 13

Admirable Consejero

"Y se le darán estos nombres:
Consejero admirable,
Dios fuerte,
Padre eterno,
Príncipe de paz."
Isaías 9:6

Mi esposo está pidiendo el divorcio, ¿qué debo hacer?

¿CÓMO PUEDO ENCONTRAR A ALGUIEN QUE ME DEFIENDA?

¿CÓMO PUEDO PROTEGERME A MÍ MISMA Y ESPECIALMENTE A MIS HIJOS?

Muchos cristianos, consejeros y aún pastores, le aconsejarán que consiga a un buen abogado cristiano para protegerle a usted y a sus hijos. Sin embargo, cuando yo me enfrenté a este dilema, yo busqué en la Escritura y fui al "Poderoso Consejero"

¡Encontré en Su Palabra que Él ha prometido el protegerme y defenderme! Lo escogí a Él e hice lo que Su Palabra me dijo que hiciera. Él no era solamente fiel sino más poderoso que cualquier otro abogado o corte podrían ser, ¡porque yo puse mi confianza en Él SOLAMENTE!

¿Quién ha conocido la mente del Señor? "¡Qué profundas son las riquezas de la sabiduría y del conocimiento de Dios! ¡Qué indescifrables sus juicios e impenetrables sus caminos! ¿Quién ha conocido la mente del Señor, o quién ha sido su consejero?" Romanos. 11:33–34. Háblele al Señor. Luego siéntese en silencio y escuche lo que Él le diga.

Ay de los rebeldes. Egipto representa al mundo. "Ay de los hijos rebeldes que ejecutan planes que no son míos, que hacen alianzas contrarias a mi Espíritu, que amontonan pecado sobre pecado, que bajan a Egipto sin consultarme, que se acogen a la protección de Faraón, y se refugian bajo la sombra de Egipto" Isaías. 30:1–2.

¿Ha usted buscado protección en el sistema de cortes? ¿Confía usted en su abogado MÁS que en su Señor? "¡Maldito el hombre que confía en el hombre! ¡Maldito el que se apoya en su propia fuerza...!" Esto hace que "aparta su corazón del Señor" Jeremías 17:5.

A ti no te afectará. "Si alguien te pone a pleito para quitarte la capa, déjale también la camisa" Mateo 5:40. Usualmente estamos preocupados de que nuestros esposos no se preocupen por nosotras y que ellos tomarán mucho de lo que nuestros hijos merecen. Si usted actúa como si él es su enemigo y pelea, él peleará también. ¿No ha sido así en el pasado?

Muchas comparten "historias de horror" acerca de quienes se han divorciado para asustarle hasta que consiga un buen abogado. Sólo recuerde "Podrán caer mil a tu izquierda, y diez mil a tu derecha, pero a ti no te afectará" Salmo 91:7. En lugar de eso, "No te dejes vencer por el mal; al contrario, vence el mal con el bien" Romanos. 12:21. Deje ir a su abogado y confíe en Dios SOLAMENTE para protegerle y acompañarle.

¿Se atreve a ir ante los inconversos en lugar de los creyentes? "Si alguno de ustedes tiene un pleito con otro, ¿cómo se atreve a presentar demanda ante los inconversos, en vez de acudir a los creyentes?" 1 Corintios 6:1. Esta es una Escritura muy firme. ¿Desafiaremos a Dios? Si usted meramente se presenta en la corte, usted está presentándose "delante de los inconversos"

En la mayoría de los estados usted no viola la ley si no se presenta en la corte si le han presentado papeles de divorcio. Usted solamente pierde automáticamente. Algunos le hacen firmar una renuncia de que usted no se presentará, y en algunos (como en el estado de Florida en el momento en que este libro es escrito) usted no tiene que firmar los papeles ni presentarse en la corte.

Verifíquelo y no solamente tome la palabra de una persona si ellos le dicen que usted "tiene que" hacer algo. Yo tomé este versículo literalmente cuando me presentaron los papeles de divorcio. No firmé los papeles ni me presenté a la audiencia– ¡y Dios me libró! Si yo hubiera ido con un abogado o si me hubiera mostrado en la corte, ¡no hubiera visto la poderosa liberación de los manos de Dios!

Juzgaremos ángeles. "¿Acaso no saben que los creyentes juzgarán al mundo? Y si ustedes han de juzgar al mundo, ¿cómo no van a ser capaces de juzgar casos insignificantes? ¿No saben que aún a los ángeles los juzgaremos? ¡Cuánto más los asuntos de esta vida!" 1 Corintios 6:2–3. Dios nos está probando, mostrándonos cuán triviales e insignificantes son los asuntos de este mundo en comparación con nuestra vida con Él.

Los asuntos de esta vida. "Por tanto, si tienen pleitos sobre tales asuntos, ¿cómo es que nombran como jueces a los que no cuentan para nada ante la iglesia?" 1 Corintios 6:4. Las cortes hoy en día no siguen las enseñanzas bíblicas como ellas lo hacían cuando nuestro país fue fundado. Como resultado de esto, tenemos reglas y cargas colocadas sobre los creyentes que ni Dios ni nuestros padres fundadores tenían en mente. Si usted escoge a las cortes para ayudarle, usted escogerá su juicio sobre la protección y la provisión de Dios.

Ante los incrédulos. "Digo esto para que les dé vergüenza. ¿Acaso no hay entre ustedes nadie lo bastante sabio como para juzgar un pleito entre creyentes? Al contrario, un hermano demanda a otro, ¡y esto ante los incrédulos!" 1 Corintios 6:5. Cuando la iglesia comenzó a ignorar las enseñanzas bíblicas, ellos también comenzaron a ignorar la corrección de la iglesia.

Nunca he oído de un hombre que se volvió de su pecado o adulterio después de ser confrontado por la iglesia. Algunos cambiaron temporalmente, ¡pero en todos los casos ellos regresaron a la otra mujer! Así que no le pida a su pastor que hable con su esposo. Permita que Dios vuelva y suavice el corazón de su esposo.

Sería mejor soportar la injusticia o dejar que le defraude. "En realidad, ya es una grave falta el solo hecho de que haya pleitos entre ustedes. ¿No sería mejor soportar la injusticia? ¿No sería mejor dejar que los defrauden? Lejos de eso, son ustedes los que defraudan y cometen injusticias, ¡y conste que se trata de sus hermanos!" 1 Corintios 6:7–8. Dios dice que es mejor dejar que le defrauden y soportar la injusticia (engañada o estafada).

La mayoría de las mujeres con las que yo hablo mientras están pasando en su proceso de divorcio están muy preocupadas por lo que van a obtener, cuánto dinero para mantención y cuántas posesiones. Si usted no se permite a sí misma el soportar la injusticia, su esposo terminará enojado y amargado. Si usted no se permite a usted misma el encontrarse atrapada frente al Mar Rojo, ¡usted nunca verá el poder de Dios para librarle! Recuerde que "las preocupaciones de esta vida y el engaño de las riquezas la ahogan (la Palabra)…" Mateo 13:22.

Nos han dicho que demás dejó a Pablo porque las preocupaciones del mundo ahogaron la Palabra en él. El siguiente versículo nos dice cómo: "El que recibió la semilla que cayó entre espinos es el que oye la palabra, pero las preocupaciones de esta vida y el engaño de las riquezas la ahogan de modo que ésta no llega a dar fruto" Mateo 13:22. La Escritura dice específicamente que fue por las "preocupaciones" y por las "riquezas" No se preocupe ni se atrape en el dinero o las posesiones.

Confíe que "Nuestro Dios suplirá nuestras necesidades," aún cuando sus papeles dicen que él no tiene que pagar suficiente mantención de los hijos o aún cuando no "parece" que habrá suficiente dinero para usted y sus hijos. Muchos han caído en su fe porque la Palabra había sido ahogado.

Mis papeles de divorcio decían que yo no obtendría ni siquiera lo suficiente para mantenerme a mí misma y a mis cuatro pequeños hijos. Pero Dios suavizó el corazón de mi esposo porque yo confié en el Señor. Yo ni siquiera necesité pedir más o decirle a él mi situación grave. ¡Dios puso en el corazón de mi esposo el deseo de pagar todas nuestras cuentas hasta que él regresó al hogar!

Porque usted es poco entusiasta. No consiga a un abogado. Si usted tiene uno, despídalo. Cada una de las mujeres que trataron de convencer a otros de que está bien el transigir algo de lo que está escrito en este libro están todavía viviendo una vida de soltería.

Probablemente esto no es lo que usted quiere escuchar. Tampoco es lo que el autor quisiera escribir. Pero debo resistir el permitir a mi corazón gobernar lo que está escrito para Él o Él cesará de usarme.

Una derrota para usted. "En realidad, ya es una grave falta el solo hecho de que haya pleitos entre ustedes. ¿No sería mejor soportar la injusticia? ¿No sería mejor dejar que los defrauden?" 1 Corintios 6:7. Esta es su respuesta: si usted va a la corte con su cónyuge, ya es una derrota para usted. Usted puede conseguir el dinero o las posesiones, ¡pero usted perderá a su esposo!

Nadie verá a Dios. "Busquen la paz con todos, y la santidad, sin la cual nadie verá al Señor" Hebreos 12:14. Si usted desea actuar como Cristo actuó (Jesús era totalmente inocente) recuerde que Él "no replicaba con insultos" 1 Pedro 2:23. Dios puede comenzar a trabajar en la vida de su esposo porque usted está plantando semillas de vida y no sigue dando a Satanás combustible para destrucción (vea 1 Pedro 3:1).

Queremos que nuestros esposos vea los caminos de Jesús en nosotros. Nosotros contristamos el trabajo del Espíritu Santo cuando hacemos las cosas que "queremos" en lugar de lo que "debemos" ¡Hágalo a la manera de Dios!

Abandone. "Abandonen toda amargura, ira y enojo, gritos y calumnias, y toda forma de malicia" Efesios. 4:31. Si usted tiene un abogado, las calumnias y la ira van a darse. Esto es de lo que el divorcio se trata. Usted debe quitar eso de usted. No importa si usted tiene un abogado cristiano o no–¡toda la liberación por parte del hombre es en vano!

De nada sirve la ayuda humana. "Bríndanos tu ayuda contra el enemigo, pues de nada sirve la ayuda humana" Sal. 108:12. He escuchado innumerables cuentos de todas las maneras como la gente trata de librarse a sí mismos, para finalmente encontrar que aún cuando el juez da una sentencia por una cierta cantidad de dinero o protección, ¡las cortes no pueden hacer que su esposo pague o no pueden protegerla de su venganza o de daño físico!

Ha habido mucha atención hacia aquellos que no pagan la manutención de sus hijos. Usted ha escuchado historias de hombres que regresan con sus mujeres para vengarse físicamente–¡y la ley no las puede ayudar! Permita que Dios vuelva el corazón de su esposo (Proverbios 21:1).

Su esposo no necesita penalidades más estrictas, sino un corazón para usted y sus hijos. Usted tiene Su promesa: "Cuando el Señor aprueba la conducta de un hombre, hasta con sus enemigos lo reconcilia" Proverbios 16:7.

Tome refugio en el Señor. "Es mejor refugiarse en el Señor que confiar en el hombre" Salmo 118:8. Un abogado no es sustituto para el Señor. Si usted piensa que usted puede tener tanto la protección del abogado como la de Dios, el siguiente versículo explica que éstas son opuestas entre ellas. "¡Maldito el hombre que confía en el hombre! ¡Maldito el que se apoya en su propia fuerza…! Bendito el hombre que confía en el Señor" Jeremías 17:5, 7. Usted puede ser o bendecida o maldecida. Usted decide.

Cese de luchar. "Quédense quietos, reconozcan que yo soy Dios" Salmo 46:10. Póngalo en Sus manos. Deje de frotarse las manos en preocupación; deje de discutirlo con todos. ¡Quédese quieta! Si su esposo ya ha comenzado los trámites del divorcio, y usted ya se ha humillado y vuelto de sus malos caminos, entonces siga estos pasos:

• **Llamados a paz.** Dígale a su esposo que usted no quiere el divorcio, pero que usted no va a estorbar su camino (Salmo 1:1), y que usted TAMPOCO va a responder a la demanda de divorcio. Dígale que usted no lo "culpa" por querer divorciarse de usted. Dígale que usted todavía lo amará (sí la "pared del odio" se ha ido), sin importar lo que él escoja. "Sin embargo, si el cónyuge no creyente decide separarse, no se lo impidan… Dios nos ha llamado a vivir en paz" 1 Corintios 7:15.

• **Dulzura en sus palabras.** De nuevo, asegúrese de decirle a su esposo que usted no le peleará el divorcio y que usted no va a contratar a un abogado para defenderse. (Si tiene un abogado, dígale que lo va a despedir). Dígale a su esposo que usted confía en él y sabe por su pasado que él será justo, y que él hará lo que cree que es correcto para usted y sus hijos. "Panal de miel son las palabras amables; endulzan la vida…" Proverbios 16:24.

• **Yo aborrezco el divorcio.** Dígale a su esposo que usted ha cometido muchos errores en el pasado, los cuales usted no quiere repetir más. Usted espera que él le permitirá a usted el no firmar los papeles de divorcio. Sin embargo, por cuanto está es el estado de "sin fallo," el divorcio seguirá aún si usted no firma los papeles. (Para su estado, contacte la corte para ver si usted estaría en "rebeldía" si no se presenta.) Recuerde, el Señor dice "Yo aborrezco el divorcio" Por supuesto si él persiste en que usted firme, firme, pero no haga más de lo que le piden. No ofrezca nada para intentar complacer a su esposo; esto no es agradable delante del Señor. (Vea "Esposas, esteen sujetas" bajo el título "La obediencia de Sara: ¿sumisión para pecar?", en "La mujer sabia edifica su casa: escrito por la necia que destruyó la suya con sus propias manos)

• **Nada es imposible.** Sin embargo, si usted ha participado en el procedimiento del divorcio, no todo está perdido. Pídale al Señor perdón y pídale perdón a su esposo también. Demuestre su deseo de que la familia esté unida retirando cualquiera y todas las acciones legales que sean posibles. Dios comenzará a sanar ahora mismo: "para Dios todo es posible" Mateo 19:26. Si usted ha mantenido al abogado, despídalo inmediatamente si es que quiere al Mejor para defenderle. Luego, ore: "Señor, sólo tú puedes ayudar al débil y al poderoso. ¡Ayúdanos, Señor y Dios nuestro, porque en ti confiamos, y en tu nombre hemos venido contra esta multitud! ¡Tú, Señor, eres nuestro Dios! ¡No permitas que ningún mortal se alce contra ti!" 2 Crónicas 14:11.

• **Más difícil de ser ganado.** Si usted ya ha pasado el divorcio, la amargura, el resentimiento, y el enojo extremo son probablemente las cosas que su esposo siente contra usted ahora. Ore que Dios perdone sus transgresiones y borre los recuerdos que él tiene (Salmo 9:5) y que los reemplace con buenos pensamientos. Ore más fuerte y sea más dulce (de nuevo, la dulzura de la palabra añade persuasión) en cada oportunidad que tenga con su esposo para ganarlo de regreso al hogar. Recuerde "Más resiste el hermano ofendido que una ciudad amurallada; los litigios son como cerrojos de ciudadela" Proverbios 18:19 (Vea el capítulo 8, "Ganado sin una palabra")

• **Yo lo podría soportar.** Dios entiende lo que usted está pasando. Lea el Salmo 55; Él está hablando directamente a usted. Comenzando con el versículo 6, "¡Cómo quisiera tener las alas de una paloma y volar hasta encontrar reposo! ¡Me iría muy lejos de aquí; me quedaría a vivir en el desierto. Presuroso volaría a mi refugio, para librarme del viento borrascoso y de la tempestad" Versículos 12–14: "Si un enemigo me insultara, yo lo podría soportar; si un adversario me humillara, de él me podría yo esconder. Pero lo has hecho tú, un hombre como yo, mi compañero, mi mejor amigo, a quien me unía una bella amistad…"

• **Robar, matar y destruir.** Si usted ha "volado lejos," regrese al hogar. ¡Satanás está en su gloria porque él se las ha arreglado para dividir y conquistar! Retome el terreno que le ha sido robado; ¡él es un ladrón! "El ladrón no viene más que a robar, matar y destruir; yo he venido para que tengan vida, y la tengan en abundancia" Juan 10:10. ¡Dele a Dios la victoria y el testimonio volviendo esto para Su gloria! En lugar de abandonar "su cruz" (su matrimonio con problemas), ¡recójala de nuevo y sígalo!

• **Lleve su cruz cada día.** "Dirigiéndose a todos, declaró: 'Si alguien quiere ser mi discípulo, que se niegue a sí mismo, lleve su cruz cada día y me siga.'" Lucas 9:23. Asegúrese de que su cruz no es más pesada de lo que Él ha diseñado para usted; quítele toda su falta de perdón y su amargura. Es una carga pesado para llevar y, eventualmente, usted no será capaz de continuar cargándola. Usted puede ni siquiera ser capaz de levantarla ahora, para comenzar a seguirlo a Él.

• **Quítele cualquier "obra de la carne"** La carne se gastará y lo hará caer. Suéltelo y permita que Dios le restaure. ¡Use este tiempo para enamorarse del Señor! Si su cruz se siente demasiado pesada para cargar, hay cargas en su cruz que usted ha puesto ahí. ¡Él no miente y Él ha prometido que Él no nos daría más de lo que podemos soportar!

• **Sólo tú.** Ahora oremos juntas como Asa oró en 2 Crónicas 14:11: "Señor, sólo tú puedes ayudar al débil y al poderoso. ¡Ayúdanos, Señor y Dios nuestro, porque en ti confiamos, y en tu nombre hemos venido contra esta multitud! ¡Tú, Señor, eres nuestro Dios! ¡No permitas que ningún mortal se alce contra ti!"

A continuación hay unos cuantos testimonios cortos (o Fruto de la Palabra) de aquellos que han escogido seguir los caminos del mundo o los caminos de Dios:

Testimonio: Una mujer vino a mi clase por la primera vez sólo una semana antes de que fuera a llevarle a su abogado la "evidencia" de la infidelidad de su esposo. El abogado dijo que si ella pudiera mostrarle esto al juez, él podría conseguirle más dinero.

La lección esa noche fue "Admirable Consejero" Sin decir una palabra en clase, ella fue a la casa y tiró la caja de zapatos llena de "evidencias" a la basura. Desde entonces, su esposo ha continuado pagando sus cuentas aunque él se casó con otra mujer. Ella todavía está orando y confiando en Dios.

Testimonio: Una mujer joven creyó a Dios cuando ella leyó que "Él es nuestro proveedor" Cuando ella leyó los papeles del divorcio, los cuales declaraban que ella difícilmente iba a obtener suficiente para cubrir el pequeño pago de renta para ella y sus hijos, ella decidió que iba a continuar confiando en Dios. Luego ella actuó por fe. Ella le dijo a su esposo que ella confiaba en él y que ella estaba segura que él ayudaría a mantenerlos como lo había hecho tan fielmente en el pasado. Él sí continuó pagando todas las cuentas y aún le dio dinero extra para que ella lo gastara de tiempo en tiempo, ¡dinero que provenía de los ahorros de su novia!. La otra mujer y el abogado trataron de falsificar los papeles del divorcio, pero ellos no tuvieron éxito porque Dios había vuelto el corazón de su esposo. El divorcio continuó, pero un corto tiempo después, ellos se volvieron a casar.

Testimonio: Una mujer hecha un mar de lágrimas nos contactó; su esposo le había demandado el divorcio. Ella dijo que ella también tenía una amiga que había demandado el divorcio a su esposo. Ella dijo que ella la compadeció tanto que no pudo compartir con ella que ella tenía un matrimonio con problemas también y que ella estaba confiando en Dios para ayudarla.

Una cuantas semanas después, ella oyó un reportaje en las noticias que la estremeció: el esposo de su amiga estaba tan afligido por el divorcio que planeó matar a su esposa antes de permitirle dejarlo. Pero la red que él había escondido atrapó su pie; él murió en el incendio que también destruyó por completo su casa.

Testimonio: Una mujer mayor vino a Ministerios Restauración (Restore Ministries) después de que su divorcio se había terminado (¡aunque una amiga le había rogado por meses que viniera!). Ella compartió con otros los efectos devastadores de la pelea en la corte. Ella recibió "todo lo que merecía": la casa, un nuevo carro y alimentación. Sin embargo, ella ahora tiene un ex esposo que no quiere tener nada que ver con ella. Él tiene una amargura que vale miles de dólares, que la corte le hizo pagarle a ella y a su abogado de divorcio.

Testimonio: Una mujer vino a un grupo de oración (No a Ministerios Restauración) pidiendo que oraran por su futuro divorcio. Ellos oraron que Dios hiciera que el juez proveyera bien para ella y sus hijos. Dios contestó esa oración y la corte la premió con una amplia cantidad de dinero en el divorcio. Sólo unos cuantos meses después ella estaba pidiendo oración de nuevo ¡porque su esposo no había pagado un centavo!. De nuevo ellos oraron para que la corte fuera firme con su esposo. La sentencia otra vez fue a su favor.

¡Sólo una semanas después ella pidió al grupo de oración que oraran pidiendo que la policía "lo encontrara" y lo trajera de regreso para "justicia"! Él había huido a otro estado para evitar pagar. En este punto la policía lo metió a la cárcel. El grupo de oración falló al no confiar en Dios realmente para la protección de ella, para que el Señor regresara el corazón de su esposo hacia ella y le diera a él el "deseo" de proveer para su familia. "Así que mi Dios les proveerá de todo lo que necesiten, conforme a las gloriosas riquezas que tiene en Cristo Jesús" Filipenses 4:19. Sólo la manera de Dios puede traer "victoria"

Ni siga los caminos del mundo; confíe solamente en Él. Le prometo que Él nunca le defraudará. Sólo si usted transige o mira a la carne para fortaleza y protección las cosas salierán mal. Aún así puede que sea necesario el pasar por el fuego de la prueba (con Él) para alcanzar la victoria que Él tiene esperando por usted. ¿Tomará usted su cruz y lo seguirá?

¿Cuánta fe tiene usted? ¿Suficiente para tomar el paso de permitir al Señor pelear por usted sin un abogado? Mi amada hermana en Cristo, despida a su abogado y tome la mano de Jesús.

Compromiso personal: confiar en Dios solamente. "Basada en lo que he aprendido de las Escrituras, me comprometo a confiar en el Señor para pelear por mí en esta pelea. Despediré a mi abogado (si tengo uno) y no me presentaré en la corte (a menos que sea muestra de rebeldía legalmente)"

Fecha:_____Firma: _____

Capítulo 14

Primero en Tirar la Piedra

"Aquel de ustedes que esté libre de pecado,
que tire la primera piedra."
Juan 8:7

Adulterio
Motivo de perdón

Debe el adulterio ser perdonado? ¿Qué hizo Jesús? Jesús dijo a la mujer encontrada en adulterio, "¿Ya nadie te condena? Tampoco yo te condeno. Ahora vete, y no vuelvas a pecar" Juan. 8:10–11. ¿Ha usted condenado a su esposo?

¿Está usted libre de pecado, para que usted lance la primera piedra contra su esposo? Jesús también le dijo a la gente que quería castigar a esta mujer adúltera: "Aquel de ustedes que esté libre de pecado, que tire la primera piedra" Juan. 8:7. ¿Está usted libre de pecado, para que usted lance la primera piedra contra su esposo? La verdad es, "Si afirmamos que no tenemos pecado, nos engañamos a nosotros mismos y no tenemos la verdad" 1 Juan 1:8.

¡Pero yo nunca hice nada pecaminoso! Déjeme decirle que Dios agrupa sus pecados con los pecados de su esposo. Así es como Dios ve el pecado: "Las obras de la naturaleza pecaminosa se conocen bien: (¿los de él?) inmoralidad sexual, impureza y libertinaje,... borracheras, orgías,... (¿ahora los suyos?) odio, discordia, celos, arrebatos de ira, rivalidades, disensiones, sectarismos y envidia" Gálatas 5:19–20.

¿Y si no lo perdono? ¿Cuáles son las graves consecuencias de la falta de perdón? "Pero si no perdonan a otros sus ofensas, tampoco su Padre les perdonará a ustedes las suyas" Mateo 6:15.

Cuando Dios se refiere a los adúlteros y fornicarios, Él dice: "Y eso eran algunos de ustedes. Pero ya han sido lavados, ya han sido santificados, ya han sido justificados en el nombre del Señor Jesucristo y por el Espíritu de nuestro Dios" 1 Corintios 6:11. "Porque el esposo no creyente ha sido santificado por la unión con su esposa" 1 Corintios 7:14. Por cuanto usted y su esposo son una carne, nosotros en Ministerios Restauración (Restore Ministries) sugerimos que se acerque a Dios, permitiéndole a Él que le transforme más a Su imagen. Algo asombroso comenzará a sucederle a su esposo por cuanto son una sola carne— ¡Él va a comenzar a ser santificado! Sin embargo, mientras usted permanezca en el pecado, ambos permanecerán sin santificarse.

¡Pero el adulterio ha pasado antes! Recordemos lo que Jesús nos dijo cuando le preguntaron cuántas veces debemos perdonar a alguien. "Aun si peca contra ti siete veces en un día, y siete veces regresa a decirte 'Me arrepiento', perdónalo" Lucas 17:4. (Vea el capítulo 9 "Un espíritu suave y apacible" en el asunto de amor firme.

¡Pero él no se ha arrepentido! Como Jesús fue colgado en la cruz por los pecados de usted, él clamó, "Padre, perdónalos porque no saben lo que hacen" Lucas 23:34. (Otra vez, vea el capítulo 9, "Un espíritu suave y apacible" acerca de "Perdón")

"No te dejes vencer por el mal; al contrario, vence el mal con el bien" Romanos 12:21. Dios específicamente le pidió al profeta Oseas que se volviera a casar con su esposa Gómer, aún después de que ella le había sido abiertamente infiel. Oseas 2:2: "¡...ni ella es mi esposa ni yo soy su esposo!" Versículo 7: "Prefiero volver con mi primer esposo, porque antes me iba mejor que ahora" Versículo 3:1: "Me habló una vez más el Señor y me dijo: 'Ve y ama a esa mujer adúltera, que es amante de otro.'" Dios usó la historia de Oseas y Gómer para mostrar Su compromiso con Su propia novia, la iglesia (vea el libro de Oseas). Y también en Lucas 15:30–32 el hijo mayor le dijo a su padre "ahora llega ese hijo tuyo, que ha despilfarrado tu fortuna con prostitutas, y tú mandas matar en su honor el ternero más gordo" Entonces el padre le dijo al hijo: "Pero teníamos que hacer fiesta y alegrarnos, porque este hermano tuyo estaba muerto, pero ahora ha vuelto a la vida; se había perdido, pero ya lo hemos encontrado" ¿Qué es lo que su esposo encontrará cuando él llame por teléfono o venga a la casa? ¿El ternero más gordo, la mejor ropa y un anillo, o se encontrará con juicio?

¿Puedo volver a confiar en él? Dios dice que confiemos en Él; usted entonces será bendecida con un esposo fiel. "¡Maldito el hombre que confía en el hombre! ¡Maldito el que se apoya en su propia fuerza… ! Bendito el hombre que confía en el Señor" Jeremías. 17:5, 7. La gente siempre me pregunta cómo puedo confiar en mi esposo. Yo siempre respondo diciendo, "No confío en él – ¡confío en el Señor!" Es el Señor quien hace que mi esposo me sea fi el y Él lo mantendrá fiel. ¡Gloria a Dios!

¿Cómo puedo ayudar a mi esposo? Ayúdelo orando. "Vigilen y oren para que no caigan en tentación. El espíritu está dispuesto, pero el cuerpo es débil" Marcos 14:38. Todas las mujeres que permitieron a Dios el volver el corazón de sus esposos testifican que Dios removió los ojos distraídos y la infidelidad. (¡Éstas son mujeres cuyos esposos han estado de vuelta en el hogar por años!) Dios puede traer otras pruebas a nuestra vida, esté segura, pero no adulterio. Sin embargo, cuando Dios sana, ¡está terminado! Pero recuerde, si usted siembra en la carne, usted cosechará en al carne. Algunas mujeres forzan o seducen a sus esposos de regreso al hogar. Aprenda a esperar. Cuando es la bendición del Señor, ¡Él no añadirá tristeza con ella! (Proverbios 10:22).

Qué hacer o no hacer si su esposo está en adulterio

La adúltera adula; nosotros al contrario debemos edificar. Proverbios 29:5 "El que adula a su prójimo le tiende una trampa" Efesios 4:29: "Eviten toda conversación obscena. Por el contrario, que sus palabras contribuyan a la necesaria edificación y sean de bendición para quienes escuchan" La diferencia entre el adular y el edificar es el corazón. Cuando alguien adula, el corazón o la motivación es "obtener algo" La motivación del que edifica o construye es dar algo—sin esperar nada a cambio. Dos mujeres pueden estar diciendo la misma cosa, pero la diferencia está en sus corazones. ¿Qué clase de corazón tiene usted? ¿Se queja usted y gimotea con otros acerca de lo que su esposo no ha hecho a cambio de su amabilidad y perdón? Si él le escucha quejarse o no, eso no importa. Dios le escucha y está viendo su corazón.

Dios puede traer su ira; ¡no lo haga! "Por tanto, hagan morir todo lo que es propio de la naturaleza terrenal: inmoralidad sexual, impureza, bajas pasiones, malos deseos y avaricia, la cual es idolatría. Por estas cosas viene el castigo de Dios" Colosenses 3:5–6. "Pues conocemos al que dijo: 'Mía es la venganza; yo pagaré'; y también: 'El Señor juzgará a su pueblo.' ¡Terrible cosa es caer en las manos del Dios vivo!" Hebreos 10:30–31. Si usted no ha perdonado a su esposo usted puede regocijarse cuando la "ira de Dios" comience. Sin embargo, Dios nos advierte: "No te alegres cuando caiga tu enemigo, ni se regocije tu corazón ante su desgracia, no sea que el Señor lo vea y no lo apruebe, y aparte de él su enojo" Proverbios 24:17–18.

No se deje engañar—usted no necesita mirar lo que su esposo está haciendo. "No hay nada escondido que no llegue a descubrirse, ni nada oculto que no llegue a conocerse públicamente" Lucas 8:17. Esto ha estado escondido de su vista por Dios para protegerle a usted. Aquellos que frustran la protección de Dios espiando o investigando son trágicos; ¡por favor no cometa el mismo error! "Porque da vergüenza aun mencionar lo que los desobedientes hacen en secreto" Efesios 5:12. Y, damas, dejen de hablar acerca de la vida pecaminosa de sus esposos. Eso no glorifica a Dios. ¡Sólo el adversario se deleita de que ustedes están tan dispuestas a hablar de él!

¿Qué podemos aprender de las Escrituras acerca de los adúlteros o las adúlteras?

Es la adulación lo que hala a los hombres hacia el adulterio. "De los labios de la adúltera fluye miel; su lengua es más suave que el aceite. Pero al fin resulta más amarga que la hiel y más cortante que una espada de dos filos. Sus pies descienden hasta la muerte; sus pasos van derecho al sepulcro. No toma ella en cuenta el camino de la vida; sus sendas son torcidas, y ella no lo reconoce" Proverbios 5:3–6. Mientras usted estaba ocupada destruyéndolo a él, la otra mujer lo estaba edificando. Mientras usted estaba en desacuerdo, ella estaba de acuerdo. ¿Ha cambiado eso?

Ella usa la adulación para jalarlo hacia el adulterio y hacia la muerte espiritual. "Con palabras persuasivas lo convenció; con lisonjas de sus labios lo sedujo. Y él en seguida fue tras ella, como el buey que va camino al matadero" Proverbios 7:21–23. Muchas veces es sumamente repentino cuando él la sigue. Muchas mujeres cuyos esposos han caído en el pozo del adulterio han reportado que ellas advirtieron a sus esposos, aunque ellos nunca escucharon las advertencias de sus esposas. (Vea el capítulo 8, "Ganado sin una palabra" para estudiar por qué los esposos ignoran las advertencias de sus esposas.)

Otra vez es la adulación la que jala al hombre hacia el adulterio. "Ellas te librarán de la mujer ajena, de la adúltera y de sus palabras seductoras" Proverbios 7:5. ¿Cuándo fue la última vez que usted alabó a su esposo por algo? ¿La última vez que lo animó? ¿La última vez que se emocionó por algo que él dijo? ¿Es de extrañarse que él estaba muriendo de hambre por lo que la adúltera le estaba sirviendo—halagos?

De nuevo, es la adulación lo que eventualmente lo hala hacia sufrimiento financiera. "Te protegerán de la mujer malvada, de la mujer ajena y de su lengua seductora. No abrigues en tu corazón deseos por su belleza, ni te dejes cautivar por sus ojos, pues la ramera va tras un pedazo de pan, pero la adúltera va tras el hombre que vale. ¿Puede alguien echarse brasas en el pecho sin quemarse la ropa? ¿Puede alguien caminar sobre las brasas sin quemarse los pies? Pues tampoco quien se acuesta con la mujer ajena puede tocarla y quedar impune. No se desprecia al ladrón que roba para mitigar su hambre; pero si lo atrapan, deberá devolver siete tantos lo robado, aun cuando eso le cueste todas sus posesiones. Pero al que comete adulterio le faltan sesos; el que así actúa se destruye a sí mismo. No sacará más que golpes y vergüenzas, y no podrá borrar su oprobio" Proverbios

6:24–33. Muchas mujeres son sorprendidas por las acciones de sus esposos o por lo que ellos dicen durante el adulterio. La Biblia es clara: en este punto a él le faltan sesos y se destruye a sí mismo.

Y de nuevo Dios dice que él sufrirá financieramente. "El que frecuenta rameras derrocha su fortuna" Proverbios 29:3. Ha habido mujeres que han venido a mí para decirme que, por cuanto su esposo es muy exitoso corporativamente, esto nunca le sucederá a él. La Palabra de Dios aplica a todos. ¡Todas las mujeres que vinieron a mí para debatir este principio después me dijeron del colapso financiero de su esposo y de cómo la adúltera gastó su riqueza!

La adúltera está básicamente fuera para conseguir a un hombre. ¡Ella está fuera (de la casa) para hacerlo! "La mujer salió a su encuentro, con toda la apariencia de una prostituta y con solapadas intenciones. Cómo es escandalosa y descarada, nunca hallan sus pies reposo en su casa" Proverbios 7:10–11. ¿Es esta la descripción de usted también? ¿Es usted escandalosa? ¿Es usted descarada y rebelde? ¿Pasa usted más tiempo fuera de la casa que en ella? "Porque fosa profunda es la prostituta, y estrecho pozo, la mujer ajena. Se pone al acecho, como un bandido, y multiplica la infidelidad de los hombres" Proverbios 23:27–28. (Vea "Los caminos de la casa" en "La mujer sabia edifica su casa: escrito por la necia que destruyó la suya con sus propias manos)

La adúltera es engañada para pensar que ella no ha hecho nada malo. "Así procede la adúltera: come, se limpia la boca, y afirma: 'Nada malo he cometido.'" Proverbios 30:20. Muchas mujeres que han venido buscando ayuda para sus matrimonios responden de la misma manera diciendo "Nada malo he cometido" ¿Ha tomado usted la responsabilidad completa del colapso de su matrimonio? Hasta que usted vea lo que ha hecho por suficiente tiempo, de manera que usted no puede ver más el pecado de su esposo, su matrimonio no será restaurado.

¡La adúltera es enemiga de Dios! ¡Oh gente adúltera! ¿No saben que la amistad con el mundo es enemistad con Dios? Si alguien quiere ser amigo del mundo se vuelve enemigo de Dios" Santiago. 4:4.

¡Dios le dará a ella tiempo para arrepentirse y entonces causará gran tribulación! "Le he dado tiempo para que se arrepienta de su inmoralidad, pero no quiere hacerlo. Por eso la voy a postrar en un lecho de dolor, y a los que cometen adulterio con ella los haré sufrir terriblemente, a menos que se arrepientan de lo que aprendieron de ella" Apocalipsis 2:21–22. Vemos esto muy a menudo en nuestro ministerio. Todos los hombres que estuvieron en adulterio eventualmente caen en una "gran tribulación" Es por esto que es vital que cuando nuestro esposo está buscando alivia él sepa que hay paz en su hogar. ¡Él debe SABER que la mujer contenciosa se ha ido! Si Dios no lo ha traído por la casa, entonces usted no está lista. Dios es sumamente capaz de crear una situación en la vida de su esposo para causarle a él que le contacte a usted. No es el problema de Dios o el problema de su esposo; es su problema. Una vez que haya un cambio significativo en usted, Dios será fiel para traer a su esposo. Hasta entonces, Él está escondiéndole con el deseo de cambiarle y moldearle de adentro hacia fuera.

También hemos visto al menos cuatro casos en los que la otra mujer, quien no se arrepintió después de un tiempo, fue atacada con una enfermedad significativa (por ejemplo, lupus, cáncer, etc.).

"A los hijos de esa mujer los heriré de muerte. Así sabrán todas las iglesias que yo soy el que escudriña la mente y el corazón; y a cada uno de ustedes lo trataré de acuerdo con sus obras" Apocalipsis 2:23. Adicionalmente sabemos de dos casos en los que el hijo murió. La mujer perdió a un hijo antes de darlo a luz a lo que los doctores llamaron "un parásito" Nosotros en Ministerios Restauración (Restore Ministries) hemos oído de otro caso en el que la otra mujer (una persona que profesaba ser cristiana) en su obstinación, continuó buscando al esposo de otra mujer después de varias advertencias. ¡Su hijo mayor murió de tumor cerebral!

Esta es una batalla espiritual. Debe ser peleada y ganada en el Espíritu. Tenemos oraciones al final de los capítulos 16 y 17, tomadas directamente de la Escritura, para que usted ore por la restauración de su matrimonio, específicamente en el caso del adulterio. Por favor ignore y resista la tentación de pelear en la carne, tanto de manera viciosa como seductiva. Libros, programas de televisión y amigos con buenas intenciones pueden tratar de influirle para ya sea que administre el "amor rudo" que lleva al desastre, o para que lo seduzca. Ninguna de estas cosas es la causa o la solución de este pecado. Es una batalla espiritual. ¡Debe ser peleada y GANADA en el espíritu! Sin embargo, ¡el amor (como se describe en 1 Corintios 13) es siempre la respuesta correcta!

El seducir es muy diferente de atraer. Las palabras amables y amorosas son atrayentes. El perdón es atrayente. Alguien que está en paz es atrayente. No deje de atraer a su esposo mediante amabilidad, con palabras amorosas que hablen fuerte y claro de que usted verdaderamente lo ha perdonado. "Por eso ahora voy a seducirla: me la llevaré al desierto y le hablaré con ternura" Oseas 2:14.

Emociónese cuando su esposo le llame o venga. El emocionarse no es perseguirlo. Déjele saber con entusiasmo, emoción y el tono de su voz que él es especial y muy amado por usted. Sin embargo, si usted nunca lo ha soltado, eso lo alejará. Usted PRIMERO debe estar segura de que SABE que usted verdaderamente lo ha soltado, entonces comience a atraerlo con sus palabras amables.

Por acuerdo. Muchas me preguntan qué deberían hacer si sus esposos infieles se les acercan para tener intimidad física. "Pero en vista de tanta inmoralidad, cada hombre debe tener su propia esposa, y cada mujer su propio esposo. El hombre debe cumplir su deber conyugal con su esposa, e igualmente la mujer con su esposo. La mujer ya no tiene derecho sobre su propio cuerpo, sino su esposo. Tampoco el hombre tiene derecho sobre su propio cuerpo, sino su esposa. No se nieguen el uno al otro, a no ser de común acuerdo, y sólo por un tiempo, para dedicarse a la oración. No tarden en volver a unirse nuevamente; de lo contrario, pueden caer en tentación de Satanás, por falta de dominio propio" 1 Corintios 7:2–5.

Si usted todavía está legalmente casada, pero se niega a tener intimidad, resiste sus avances, le ordena que se salga de su cama, o comienza a dormir separada (por cualquier razón), usted está trabajando y jugando en las manos del enemigo. Una mujer que no es una creyente ciertamente ordenará a su esposo fuera de la cama o de la casa. "¿Qué mérito tienen ustedes al amar a quienes los aman? Aún los pecadores hacen así" Lucas 6:32.

Cuando un pecador o cualquier persona que era "inmunda" venía a Jesús, Él siempre respondía amablemente y aún los tocaba. ¡Él decía que cualquiera que viniera a Él, no lo rechazaría! (Jn. 6:37). No importa cuán a menudo un pecador viene al Señor, Él siempre lo vuelve a aceptar aún cuando Él sabe que el pecador lo rechazará de nuevo. ¿Es usted un imitador de Cristo?

Sin embargo, el versículo anterior claramente cubre a aquellos que todavía están legalmente casados. Si el divorcio ha sucedido, no de aparencia del mal. Este es el tiempo en que usted se debe de abstener de intimidad ante la petición por parte de su ex esposo.

Compromiso personal: perdonar. "Basada en lo que he aprendido en la Escritura, me comprometo a confiar en el Señor y a negarme a pelear en la carne. Continuaré diariamente perdonando a mi esposo y a todos los que han estado involucrados. Me mantendré amable y callada conforme camino en un espíritu de perdón"

Fecha:_____ Firma: _____

Capítulo 15

Consuele a aquéllos

"Quien nos consuela en todas nuestras tribulaciones
para que con el mismo consuelo que
de Dios hemos recibido, también nosotros
podamos consolar a todos los que sufren."
2 Corintios 1:4

Déjeme comenzar asegurándole que básicamente TODOS los principios en este libro ayudarán para restaurar su matrimonio sin importar si su esposo es abusivo o tiene problemas de alcohol, drogas, o pornografía. La mayoría de las mujeres que vienen a nuestro ministerio están enfrentándose con adulterio y uno o más de los pecados mencionados anteriormente.

Cuando una mujer viene a nosotros, ellas quieren saber: "¿cómo puedo lidiar y vencer la destrucción que ha plagado nuestra vida POR AÑOS? ¿Cómo es posible para mí el salir victoriosa de este dolor y este desorden?" La respuesta es, buscando sabiduría y verdad. Proverbios 23:23 dice, "Adquiere la verdad y la sabiduría, la disciplina y el discernimiento, ¡y no los vendas!" El deseo de mi corazón es compartir la verdad con usted para hacerle libre. "… y conocerán la verdad, y la verdad los hará libres" Juan 8:32.

Lidiando con los pecados de su esposo

Si su esposo está en un pecado, ¿cómo podría usted, como su esposa, lidiar con él? ¡No como el mundo lo hace! Las maneras del mundo traerán destrucción, pero los principios de Dios traerán victoria. Aquí está la prescripción de Dios, directo de Su Palabra:

Sin una Palabra Como aprendimos antes, la Biblia es clara en cuando a que debemos mantenernos reverentemente calladas y no intentar hablar con nuestros esposos cuando ellos son desobedientes a la Palabra de Dios (1 Pedro 3:1–2). No cometa el error de hablar con su esposo acerca de su pecado; hable únicamente con Dios. También, yo le instaría a tampoco hablar con otros acerca de esto. Dos cosas suceden cuando usted lo hace. Primero, nos pone en discordia con el Señor. "Al que en secreto calumnie a su prójimo, lo haré callar para siempre" Salmo 101:5.

En segundo lugar, cuando uno destapa su pecado y su debilidad ante otros, se vuelve casi imposible para él el volver y arrepentirse. Cuando todos en la iglesia, y todos en su familia y amigos saben que ha estado viviendo en adulterio (o en algún otro pecado) usted lo ha hecho casi imposible para él, el regresar. No debemos confesar los pecados de otros. Confesar sus propios pecados es muy diferente a revelar los pecados de otra persona. También trae su propia maldición: "Cam, el padre de Canaán, vio a su padre desnudo y fue a contárselo a sus hermanos que estaban afuera… declaró: '¡Maldito sea Canaán!'" Génesis 9:22–23.

Este versículo confirma el principio que leímos antes en Proverbios 101:5. ¡Se nos dice que no calumniemos a nadie! Sin embargo, estoy profundamente advertida de que es muy difícil mantener todo por lo que usted está pasando en secreto. Es por eso que se nos dice en Mateo 6:6 "Entra en tu cuarto, cierra la puerta y ora a tu Padre, que está en lo secreto. Así tu Padre, que ve lo que se hace en secreto, te recompensará" Cuando usted no tiene nadie con quien hablar, ¡usted tiene que derramar su corazón delante de Dios! De todas maneras, ¡Él es el único que realmente puede cambiar a su esposo y su situación! Pero cuando le decimos a todos los que nos preguntan o escuchan, cuando hablamos por teléfono por horas acerca de ello, o aún cuando derramamos todo a nuestro pastor o consejero, ¡fallamos al no usar esa urgencia en nuestro closet de oración! Yo animo a las mujeres a hacer lo que funciona. Yo sé personalmente que esto funciona, y ninguna otra solución lo hace.

Ayune. La mejor manera para liberar a un esposo que está en esclavitud del pecado es el ayunar y orar por él. "El ayuno que he escogido, ¿no es más bien romper las cadenas de injusticia y desatar las correas del yugo, poner en libertad a los oprimidos y romper toda atadura?" Isaías 58:6. Hay más acerca del ayuno en el capítulo 16 "Las llaves del cielo," que usted necesita leer.

¡Vence el mal con el bien! ¡La otra manera es venciendo el mal haciendo el bien! "No te dejes vencer por el mal; al contrario, vence el mal con el bien" Romanos 12:21. La Biblia no miente. Aunque los "expertos" de hoy dicen que usted "facilita o permite" a la persona que bebe, toma drogas, etc. siendo amable y amoroso, las Escrituras nos dicen lo opuesto. ¿A quién escogerá obedecer? El amor es una de las más poderosas armas que tenemos y está garantizado que funcionará. El Señor nos dice que así es como debemos lidiar con nuestros enemigos o con aquellos que nos han lastimado. ¡Amar a su esposo ahora mismo, en medio del pecado, es verdaderamente vencer el mal con el bien!

Proverbios 10:12 "...el amor cubre todas las faltas"

1 Pedro 4:8 "Sobre todo, ámense los unos a los otros profundamente, porque el amor cubre multitud de pecados"

1 Corintios 13:8 "El amor jamás se extingue... "

1 Tesalonicenses 5:15 "Asegúrense de que nadie pague mal por mal; más bien, esfuércense siempre por hacer el bien, no sólo entre ustedes sino a todos"

Romanos 12:14 "Bendigan a quienes los persigan; bendigan y no maldigan. Alégrense con los que están alegres; lloren con los que lloran. Vivan en armonía los unos con los otros. No sean arrogantes, sino háganse solidarios con los humildes. No se crean los únicos que saben. No paguen a nadie mal por mal. Procuren hacer lo bueno delante de todos"

Jesús dijo estas palabras en Mateo 5:44–46: "Pero yo les digo: Amen a sus enemigos y oren por quienes los persiguen... Si ustedes aman solamente a quienes los aman, ¿qué recompensa recibirán? ¿Acaso no hacen eso hasta los recaudadores de impuestos (pecadores)?"

Testimonio: ¡Ella le dijo a su esposo que se fuera!

¡Una mujer que estaba enojada vino a Ministerios Restauración (Restore Ministries), estaba resentida y amargada! Ella había buscado ayuda en todas partes —grupos de apoyo, consejeros y muchos libros—para resolver los problemas que estaba teniendo con su esposo, quien—ella decía —era un "alcohólico" y un "drogadicto"

¡Ella ya no aguantaba más! Ella había lanzado a su esposo de la casa—como ella lo había hecho un par de veces anteriormente. Ella había estado siguiendo los consejos de todas las personas; desafortunadamente, nada parecía cambiar su situación, pero inevitablemente las cosas empeoraron. Lo que ella aprendió de nuestro ministerio fue diferente de todo lo que había leído u oído antes. Finalmente, ella dijo, estaba escuchando la verdad.

Ella dijo que finalmente aprendió que las razones de sus problemas eran totalmente diferentes de las que le habían dicho repetitivamente. Ella nos dijo que ella había sido tan adoctrinada en psicología y en ideas antibíblicas que ahora le era imposible discernir la verdad. Cuando ella leyó los principios, la Palabra de Dios se convirtió en una espada, ¡cortando hasta llegar a sus tuétanos!

Ella aprendió acerca del peligro de enseñorearse sobre su esposo, como cuando ella le dijo que abandonara la casa. Ella aprendió la manera correcta de ganar a un esposo desobediente: sin una palabra. Ella aprendió cómo lidiar con un hombre que tiene ataduras al pecado del alcohol, ayunando y orando por él. Aprendió que una separación forzada animada el adulterio y SIEMPRE exagera sus pruebas.

Dentro de una semana, ella buscó cada versículo mencionado en este libro y lo marcó en su Biblia. Para su sorpresa, ella no pudo encontrar bases escriturales para las medidas que había tomado con su esposo.

Ella inclusive llamó a su iglesia y les rogó que le mostraran que lo que ella había estado haciendo era realmente correcto. Ella dijo que necesitaría desacreditar los versículos que leyó en este libro. Ellos no le pudieron dar bases bíblicas para soportar sus argumentos. Ellos sólo la animaron a mantener a su esposo fuera del hogar, a no permitirle que regresara.

En su confusión, dolor y enojo, esta mujer verdaderamente estaba buscando la verdad. Ella finalmente le pidió a su esposo que regresara al hogar. Luego ella le mostró respeto como la cabeza del hogar y el líder espiritual por primera vez en su matrimonio. La reconstrucción de su hogar no fue fácil ni rápida, pero siempre fue estable. Su esposo después confesó que él había estado planeando cometer adulterio después de que ella lo forzó irse de la casa. ¡Su esposo ha estado en el hogar por más de nueve años, libre de drogas y alcohol! Él inclusive es diácono en una iglesia numerosa.

Testimonio: Esposo liberado del alcoholismo. Una mujer contactó nuestro ministerio. Ella había tocado fondo con el alcoholismo de su esposo. Ella había tratado de aplicar todos los métodos que ella había leído para esposas de alcohólicos. Sin embargo, ella descubrió que cada recuperación era solamente temporal. Su matrimonio se estaba derrumbando.

Ellos se habían vuelto extraños. Ella sentía que si él verdaderamente la amaba él dejaría de beber. Sin embargo, su esposo estaba convencido de que ella ya no lo amaba por la manera como lo estaba tratando. Él dijo que sus malos tratos sólo lo hacían tomar más porque él sentía que las cosas no tenían esperanza. Ella nos dijo que sí amaba a su esposo pero que todos los libros decían que se alejara de él porque ellos eran codependientes y ella era su poder. Ella nos dijo que lo había "intentado todo" y estaba a punto de darse por vencida. La animamos a buscar a Dios. Ella dijo que también había tratado eso; nos dijo que había ido con su pastor quien confrontó a su esposo, pero eso sólo empeoró las cosas – él dejó de asistir a la iglesia.

Cuando ella finalmente llegó al final de sus propias fuerzas, ella clamó al Señor. La siguiente mañana ella conoció a una mujer que tenía un matrimonio restaurado, quien aceptó orar por ella. Sólo unas semanas después, cuando ella pensó que su esposo estaba en el trabajo, ella recibió una llamada de parte de él. Él estaba en Reto a la

Juventud buscando ayuda. El esposo de esta mujer regresó, tres meses después, siendo un hombre totalmente diferente en fuego por el Señor. Él se convirtió en el líder espiritual de la familia y en un miembro activo en su nueva iglesia. Usted puede intentarlo todo, pero cuando usted lo haga, le prometo, usted solamente va a empeorar las cosas. ¡Pruebe a Dios SOLAMENTE! Busque a Dios, confíe en Él y Él cambiará su situación en un instante.

No los provoquen

La Escritura nos advierte: "no los ataquen ni los provoquen..." Deuteronomio 2:19. Cuando usted provoca a alguien que está bajo la influencia de drogas, alcohol, o las seducciones de una mujer adúltera, usted se pone a usted mismo en un grave peligro. Proverbios 18:6 nos dice, "Los labios del necio son causa de contienda; su boca incita a la riña"

Si la violencia física se ha vuelto parte de su matrimonio, usted necesita prestar atención a este versículo bíblico y asegurarse de que esto no está ocurriendo por su actitud irrespetuosa y sus obras hacia su esposo. Dios les advierte a las mujeres que ni siquiera le hablan a su esposo que es desobediente a la Palabra para asegurarse que guardemos silencio con una actitud respetuosa (vea 1 Pedro 3:1–2). Dios también nos dice en Efesios 5:33 que "la esposa respete a su esposo"

Muy a menudo, después de que usted ataca verbalmente el carácter de su esposo, alguien aseta un golpe. A menudo es la mujer la que golpea primero porque ella está muy dolida por algo que su esposo ha dicho. Desafortunadamente, después del primer puñetazo, la violencia física se vuelve una norma. Y una vez que la violencia se mete en el hogar o en un matrimonio, se vuelve una de las principales partes de la destrucción.

Testimonio: En sus propias palabras. Yo leí este testimonio en la revista Coronado con Plata (Crowned with Silver). Estoy volviendo a imprimir para usted, con el permiso de CWS y el escritor del artículo.

La siguiente historia es, espero, un gran aliento para quienes puedan estar en la situación en la que yo me encontré. Dios tiene muchas maneras de alcanzar a las personas y mi historia es una de las que puede causar que los endurecidos de corazón me llamen "tonta" pero el Señor alcanzó a mi esposo mediante algunas circunstancias muy difíciles. Les pido, amadas hermanas, que no pongan mi nombre al final del artículo, porque estoy preocupada de que mi esposo no reciba el honor que es debido ante los ojos de mis hijos si ellos leen esto.

Mi esposo y yo crecimos en una iglesia de la comunidad y nos casamos como amantes de la escuela secundaria. Yo siempre fui una madre que se quedaba en la casa y mi esposo era un mecánico de automóviles. Proveníamos de dos familias muy diferentes. Él creció con cuatro hermanos y dos hermanas; yo provengo de una familia con sólo dos hermanas. Los miembros de su familia siempre se peleaban en voz alta, debatiendo y lanzando puñetazos por aquí y por allá cuando estaban dando su punto de vista. Mi familia era muy callada. Cuando mi hermana y yo nos peleábamos, lo hacíamos en silencio y maliciosamente. Nosotras no usábamos palabras contra la otra; nosotras hacíamos algo para obtener revancha.

En el principio de nuestro matrimonio éramos bebés espirituales, pero yo tenía más sed de Dios. Mi esposo estaba satisfecho justo donde él había estado por 23 años. Él había hecho una confesión de fe, y sabía que él iba al cielo. Eso era suficiente para él. Yo, por otra parte, sabía que debía haber más. Sabía que Dios era suficiente para sostenerme a lo largo de mi vida y quería vivir una vida diferente de la que el mundo vivía alrededor de mí.

Teníamos problemas financieros. Con el nacimiento de nuestra primera hija, apenas lográbamos sostenernos en nuestro apartamento de una sola recámara. Mi esposo era como una cuerda tirante. Yo intentaba mantener a la bebé callada para hacer la vida más pacífica y menos irritante para él. Nuestra relación era mejor durante la semana porque él no estaba en la casa mucho tiempo. Pero peleábamos los fines de semana. Y entonces yo comenzaba mis viejas tácticas que yo usaba desde mi infancia con mi hermana.

Yo no contestaba cuando peleábamos, ni gritaba. Simplemente… me vengaba. Cuando estábamos peleando, yo no hacía la cena, o no lavaba la ropa por una semana y él tenía que usar ropa sucia. Yo hacía algo que yo sabía le iba a irritar. Pero no era nada por lo que él pudiera señalarme. Yo me podía excusar porque no era patente. La vida continuó de esa manera por algunos años. Ya teníamos a las dos niñas en ese entonces, y fue entonces cuando la cuerda tirante en la que mi esposo y yo estábamos caminando se rompió.

Un sábado, estábamos peleando por cómo deberíamos gastar los restantes $20 dólares del salario. Mi esposo quería ir al partido de pelota; yo quería que él nos llevara a cenar. Él gritó que él trabajaba para ganar el dinero así que él merecía un poco de tiempo de diversión, y él se dio la vuelta para irse. Así que yo le di un pequeño… empujón con mi codo. (Yo creo que todas las presiones acumuladas por las peleas y las riñas que eran constantes en nuestra vida de alguna manera recordaron las interacciones que él tenía con sus hermanos.) Él inmediatamente levantó su brazo y me golpeó en el brazo tan fuerte como pudo. Nunca había visto tanta furia dirigida hacia alguien— ¡hacia mí!

El dolor que ocasionó. Yo creo que no fue tanto el dolor físico como el dolor emocional y espiritual. Miren, yo había estado tratando de crecer en el Señor en todas las áreas menos en mi matrimonio. Era una tortura el leer las Escrituras que hablaban acerca de cómo el Señor es el novio y nosotros somos la novia, y de alguna manera nuestro matrimonio se suponía que fuera un ejemplo de nuestra relación con Cristo. ¡Eso era horroroso!

Si mi matrimonio y la relación que tenía con mi esposo estaban de alguna manera relacionados con mi relación con Cristo, ¡yo estaba en graves problemas! Creo que una vez que el imperio sobre sí mismo se había ido, una vez que se había roto el tabú de golpear a su cónyuge, mi esposo se sintió sin esperanzas. Más y más peleas continuarían de esta manera. Yo intentaría ocultarlo de los hijos, pero algunas veces no había manera de ocultarlo. Yo creo que esto me dolió más que cualquier otra cosa.

Proverbios nos dice que los padres son la gloria de sus hijos. Si se suponía que los padres fueran la gloria, entonces mis hijos debieron haberse sentido traicionados y desconfiados de todas las cosas, aún de Dios. Como a ellos se les había enseñado las Escrituras, ellos comenzarían a dejar de confiar incluso en ellas si algo no sucedía para sanar este matrimonio roto.

Y sí, aunque mi esposo y yo estábamos casados y no divorciados, teníamos un matrimonio roto. Yo nunca les dije a ninguno de mis amigos en la iglesia por lo que estaba pasando. Sí le había dicho a una de mis más cercanas amigas que una "prima" estaba pasando por ciertas cosas para conseguir algún consejo, o para hablar de estos asuntos. Pero todos los consejos que esta amiga me dio fueron que debía abandonar al monstruo. Ella dijo que había nombres específicos para esta clase de trato y que sólo una tonta se quedaría con esa clase de hombre.

Pero había un problema. Era unos votos que yo había hecho delante de Dios hacía unos cuantos años de que yo me quedaría con este hombre en la salud y la enfermedad, para bien o para mal, hasta que la muerte nos separara… Y aún cuando yo sentía que ya no había absolutamente ningún amor en mí hacia el hombre con el que me había casado, yo todavía amaba a Dios. Lo amaba tanto que no rompería mis votos de matrimonio que había dicho frente a Él hacía siete años.

El quedarme con mi esposo era un compromiso que yo había hecho con el Señor el día que nos casamos delante de Él. Me volví a nuestro Padre Celestial. Muchas veces anteriormente yo me había vuelto a consejería secular o a materiales de lectura. Yo había escuchado a mis amigas hablando mal de sus esposos, y cosas semejantes. Yo sabía que la única manera cómo yo iba a conseguir alguna ayuda era buscando al Señor y encontrándolo a Él y Su ayuda.

El Señor me reveló la Verdad en algunas maneras muy simples. Yo necesitaba dejar de culpar a mi esposo como el mundo nos dice que lo hagamos, y mirar a las cosas que yo estaba haciendo mal en mi matrimonio. Deshacerme del odio, del enojo y el resentimiento que sentía hacia mi esposo, decidí reemplazar esas emociones por perdón, comprensión y amor. Me arrepentí de obtener la revancha de muchas formas para hacer a mi esposo miserable. ¡Y el Señor comenzó a cambiarme!

Hay mucho más que decir, pero déjeme solamente decir que Dios está en el negocio de cambiar a personas. Si rendimos nuestra vida entera a Él, ¡Él está ahí para guiarnos en nuestras peores situaciones! He estado casada por 21 años con el mismo hombre. Bueno, él no es el mismo hombre, puesto que le dio su vida a Dios como yo lo hice hace más de 11 años. Justo como él había sentido el resentimiento y el odio rebozando por cada uno de mis poros, así él comenzó a sentir el amor y el perdón fluyendo hacia él.

Ahora nosotros no nos peleamos como lo solíamos hacer, porque ambos amamos al otro tanto que queremos lo que la otra persona quiere. ¡Ya no nos ponemos a nosotros mismos antes de las necesidades del otro! ¡Dios es maravilloso! ¡Él ha cambiado a mi esposo! ¡Pero fue el Señor quien hizo el cambio!

Testimonio: Escóndeme bajo la sombra de tus alas. Elaine* había sufrido mucho abuso. Desde cuando ella estaba embarazada de su primer hijo, su esposo repetitivamente, en ira, abusaba de ella. Ella había tratado todo: refugios, casas de amigos, regresar a la casa de sus padres, aún oficiales que hicieran respetar la ley, pero nada era permanente.

Después de las explosiones violentas de su esposo, él se arrepentía, se mostraba con remordimientos y aún con amabilidad hacia ella. Él buscaba tratar de "compensarla" Él rogaba el "Por favor, perdóname" Siendo cristiana, ella lo perdonaba. Pero demasiado pronto, él otra vez se volvería violento.

Después de tres hijos y ninguna esperanza a la vista, ella pensó en quitarse su propia vida. ¿Pero cómo podría dejar a sus tres hijos con este hombre violento? No podía. Ella tendría que quitarle la vida a sus hijos también. ¡Pero asesinato! Ella había pensado muchas veces en matar a su esposo, especialmente en medio de sus ataques. Pero, ¿cómo podría ella, una cristiana, pensar así?

Una noche ella fue a una reunión de oración en su iglesia. No hubo llamado al altar, pero Elaine caminó despacio hacia el frente de la iglesia durante el último cántico, y dejó sus cargas ahí. Por primera vez que ella pudiera recordar, ella le entregó la situación completa al Señor.

Ella desahogó lágrimas de dolor al pie de la cruz. Ella le dio todo a Él. Y ella se rindió: "Señor, si tú quieres que me quede con este hombre, lo haré. Nunca intentaré huir de nuevo o buscar ayuda. Acepto esta vida que tú me has dado. Mis hijos son tuyos. Haz lo que sea tu voluntad con todos nosotros"

Elaine regresó a su hogar con alivio en su corazón respecto a las cosas que estaba finalmente arregladas en su corazón. El siguiente día cuando sus hijos se fueron a la escuela, y ella con el bebé se fueron de compras al mercado, Dios SE MOVIÓ EN SU VIDA. Su esposo dejó el trabajo, vino a la casa y empacó sus cosas. El esposo de Elaine desapareció ese día. Eso fue hace 21 años.

Elaine todavía está legalmente casada con un hombre a quien no ha visto o de quien no ha oído en más de dos décadas. Sus hijos han crecido y su hija menor se acaba de casar. Ella y todos los hijos tienen relaciones cercanas con el Señor. Elaine todavía vive escondida bajo la sombra de Sus alas (Salmo 17:8).

"Ellos lo han vencido por medio de la sangre del Cordero y por el mensaje del cual dieron testimonio; no valoraron tanto su vida como para evitar la muerte" Apocalipsis 12:11.

*No es el nombre real.

Para leer muchos testimonios poderosos, visite nuestra página de internet em www.Ajudamatrimonial.com

Compromiso personal: vencer el mal con el bien. "Basada en lo que he aprendido en la Escritura, me comprometo a renovar mi mente en la verdad de Dios. Bendeciré y oraré por aquellos que me persiguen y venceré el mal con el bien. Confiaré en el Señor y en Su protección en lugar de en las armas de la carne"

Fecha: _____ Firma: _____

— Capítulo 16 —

Las Llaves del Cielo

"Te daré las llaves
del reino de los cielos… "
Mateo 16:19

Jesús nos dio las llaves del cielo para "atar" el mal y "desatar" el bien. "Te daré las llaves del reino de los cielos; todo lo que ates en la tierra quedará atado en el cielo, y todo lo que desates en la tierra quedará desatado en el cielo" Mateo 16:19.

Remueva el mal. Encuentre un versículo concerniente a lo que usted quiere remover. Usted primer debe atar al "hombre fuerte," que es el espíritu que tiene atado a la persona por quien está orando. Busque un versículo que pueda orar. "Ahora bien, nadie puede entrar en la casa de alguien fuerte… a menos que primero lo ate" Marcos 3:27.

Reemplace el mal con el bien. ¡Esto es muy importante! "Cuando un espíritu maligno sale de una persona, va por lugares áridos buscando un descanso. Y al no encontrarlo, dice: 'Volveré a mi casa, de donde salí.' Cuando llega, la encuentra barrida y arreglada. Luego va y trae otros siete espíritus más malvados que él, y entran a vivir allí" Lucas 11:24–26.

Si usted no reemplaza. Si usted no reemplaza en lugar de lo que ha removido, se volverá peor que cuando usted oró primero. Usted siempre debe reemplazar algo malo con algo bueno. Esta es la razón por la que muchos que se someten a dietas en realidad terminan más gordos. Los expertos dicen que ellos dejan de comer todo lo malo, o intentar no comer en absoluto. Pero ellos nunca lo reemplazan con algo bueno, como oración, caminar, ejercicio o comer algo que es bueno para ellos. Otro ejemplo podría ser cuando alguien tiene una cara muy grasosa. Ella se talla con jabón y tal vez pone alcohol para secar el aceite. ¡Después de unas cuantas horas está más grasosa que nunca! Los dermatólogos dicen que usted tiene que reemplazar el aceite que removió por una pequeña porción de crema.

Reemplace las mentiras con la verdad. La verdad sólo se encuentra en Su Palabra. A no ser que lo que usted oiga, lea, o lo que alguien le diga concuerde con un principio de la Palabra de Dios, lo demás ¡ES UNA MENTIRA!

REEMPLACE EL "BRAZO DE LA CARNE" POR "EL SEÑOR"

Reemplace el confiar en el "brazo de la carne" (usted, un amigo, quien sea) por confianza en el Señor. "Por último, fortalézcanse con el gran poder del Señor" Efesios 6:10.

¡Reemplace el huir por el correr hacia Él! "Dios es nuestro amparo y nuestra fortaleza, nuestra ayuda segura en momentos de angustia" Samo 46:1. ¡Corra al libro de los Salmos! Lea los Salmos (y Proverbios) todos los días. Lea los Salmos que corresponden al día del mes más 30 hasta el final del mes, luego lea el correspondiente Proverbio (por ejemplo, en el día 5 del mes usted leería Salmo 5, 35, 65, 95, 125 y Proverbios 5). Una manera fácil de recordar el próximo Salmo es escribiendo qual sigue al final del Salmo corriente (por ejemplo, al final del Salmo 6 usted escribiría 36, al final del 36 usted escribiría 66. Cundo llegue al 126 usted escribiría Proverbios 6). Por cuanto el Salmo 119 es demasiado largo, está reservado para el día 31 del mes.

Como recuerdo de nuestra Asociación de Restauración, usted podría ir a nuestro Devocional Diario en nuestra página de internet. ¡Vaya a www.AyudaMatrimonial.com para unírsenos!

¡Reemplace el clamor a otras personas con el clamor a Él! ¡Él promete escucharla y levantarla inmediatamente! Pero usted debe clamar. No se diga a sí misma: "Bueno, Dios no me ha ayudado en el pasado" Si Él no le ayudó, es simplemente porque usted no lo pidió. "Pidan, y se les dará; busquen, y encontrarán" Mateo 7:7.

Preparándonos para la Guerra

Póngase su armadura diariamente como se describe en Efesios 6:10–18.

Los planes del diablo. "Por último, fortalézcanse con el gran poder del Señor. Pónganse toda la armadura de Dios para que puedan hacer frente a las artimañas del diablo" Efesios 6:10–11. Recuerde quién es el verdadero enemigo: Satanás, no su esposo.

Toda la armadura de Dios. "Porque nuestra lucha no es contra seres humanos, sino contra poderes, contra autoridades, contra potestades que dominan este mundo de tinieblas, contra fuerzas espirituales malignas en las regiones celestiales. Por lo tanto, pónganse toda la armadura de Dios, para que cuando llegue el día malo puedan resistir hasta el fin con firmeza" Efesios 6:12–13. Usted debe resistir el miedo que causa que huya o se rinda; manténgase firme y, habiendo hecho todo, continúe manteniéndose. Salmo 37 es una buena opción para orar cuando esté plagada de miedo.

Manténgase firme. "Manténganse firmes, ceñidos con el cinturón de la verdad… " Efesios 6:14. La gente habla de "dar pasos de fe" ¡Puede ser mejor detenerse y sólo mantenerse firme! Puede que sea la diferencia entre confiar en Dios y tentar a Dios. Algunas veces sentimos como que estamos tomando "pasos de fe," pero en realidad nos estamos lanzando a nosotros mismos a un precipicio, como Satanás le dijo a Jesús que hiciera.

Muchas veces no debemos estar tomando "pasos" de fe sino "mantenernos" en fe. Nuestras convicciones nos deben permitir "mantenernos" firmes en lo que es correcto. Si nos movemos, podríamos caer a un precipicio. Si Dios trae adversidad a nuestra vida, nuestra posición será nuestro testimonio. No obstante, como usted verá más adelante en esta lección, algunas veces se nos pide que demos pasos y caminemos en el agua, como a Pedro se le pidió. El discernimiento es necesario aquí. Una regla que nos puede ayudar es el grado de urgencia. Usualmente su "carne" siente urgencia; Dios usualmente dice que esperemos.

Su justicia. "… protegidos por la coraza de justicia… " Efesios 6:14. Dios está hablando de Su justicia, no la de usted. Él nos dice en Su Palabra que nuestra justicia no es sino "trapos de inmundicia" (Isaías 64:6).

Camine en paz. "…y calzados con la disposición de proclamar el evangelio de la paz" Efesios 6:15. Usted puede reclamar la promesa en Mateo: "Dichosos los que trabajan por la paz!" 5:9. ¡Mantenga la paz con TODOS en TODO tiempo!

El escudo de la fe. "Además de todo esto, tomen el escudo de la fe, con el cual pueden apagar todas las flechas encendidas del maligno" Efesios 6:16. Usted debe tener fe—no en usted mismo o en alguien más como un refugio o un juez—fe en Dios, ¡solamente en Él! Las circunstancias no tienen nada que ver con la fe. Crea en Su Palabra solamente para la verdad acerca de su situación.

El casco de la salvación. "Tomen el casco de la salvación…" Efeisos 6:17. Usted debe ser salvo; usted debe ser uno de Sus hijos para realmente ganar una batalla espiritual. Es tan fácil como hablar con Dios ahora mismo. Sólo dígale en sus propias palabras que usted lo necesita, ahora. Pídale que se haga real para usted. Dele su vida a Él, la vida que está arruinada, y pídale al Señor que la haga nueva.

Dígale que usted hará lo que Él le pida, por cuanto Él ahora es su Señor. Pídale que lo "salve" de su situación y de la eternidad que está esperando a quienes no aceptan Su regalo de vida eterna. Dele gracias por Su muerte en la cruz, la muerte que Él sufrió por usted. Usted ahora puede creer que usted ya no vive sola; Dios siempre estará con usted y usted pasará su eternidad en el Cielo.

La espada del Espíritu. "Tomen… la espada del Espíritu, que es la palabra de Dios" Efesios 6:17. Esto es exactamente lo que hemos estado enseñando: use Su Palabra para la batalla que será ganada. Cuando la batalla es del Señor, ¡la victoria es nuestra! Escriba en tarjetas de 3X5 las Escrituras que necesita para ayudarle en su batalla. Manténgalas con usted todo el tiempo en su bolsa de mano. Cuando usted sienta que el ataque viene, como el miedo, lea los versículos que se refieren al miedo. (Vea Romanos 8:15 y Salmo 23 para encontrar versículos maravillosos para atacar el miedo.) Clame a Dios. Esté firme en la fe. "Quédense quietos, reconozcan que yo soy Dios" Salmo 46:10.

Ore todo el tiempo "Oren en el Espíritu en todo momento, con peticiones y ruegos" Efesios 6:18. Ore desde lo profundo de su espíritu. Tenga tiempos designados para oración tres veces al día (como Daniel lo hacía). Esa fue una de las razones por las que fue arrojado en el pozo de los leones. No se preocupe, pero recuerde que aún si usted está en esencia dentro de un pozo de leones, ¡Dios cerrará las bocas de los leones!

Manténgase alerta. "Manténganse alerta y perseveren en oración por todos los santos" Efesios 6:18. Ore por otra persona que usted conozca cada vez que el miedo la sobrecoge. "Por lo tanto, gustosamente haré más bien alarde de mis debilidades, para que permanezca sobre mí el poder de Cristo. Por eso me regocijo en debilidades, insultos, privaciones, persecuciones y dificultades que sufro por Cristo; porque cuando soy débil, entonces soy fuerte" Después de que haya orado por alguien, llámelo y dígale.

Ore por los que la persiguen. Dios también pidió que oráramos por alguien más: nuestros enemigos, cada uno de ellos. Ore por ellos y pídale a Dios que le muestre lo que Él quiere que usted haga para bendecirlos. No fue sino después de que Job oró por sus así llamados "amigos" que Dios restauró lo que Job había perdido: "Después de haber orado Job por sus amigos, el Señor lo hizo prosperar de nuevo y le dio dos veces más de lo que antes tenía" Job. 42:10. "Pero yo les digo: Amen a sus enemigos y oren por quienes los persiguen, para que sean hijos de su Padre que está en el cielo" Mateo 5:44-45.

Conozca la Palabra de Dios

Su Palabra no vuelve vacía. Usted debe conocer y aprender la Palabra de Dios. Usted necesita decidirse a buscar las promesas de bendición de Dios. Estos principios provienen de Su Palabra y cuando nosotros hablamos Su Palabra en oración a Él, no volverá vacía.

¡Esta es Su promesa para usted! "Así es también la palabra que sale de mi boca: No volverá a mí vacía, sino que hará lo que yo deseo y cumplirá con mis propósitos" Isaías 55:11. Su deseo es que usted venza el mal de este mundo. Usted debe hacer lo que está garantizado por Dios mismo. No acepte imitaciones ni falsificaciones.

Busque sus Principios a lo largo de la Biblia. Busque entendimiento. Dios dice que si usted busca, usted encontrará. La Palabra de Dios da sabiduría. El buscar más profundamente el significado le da a usted un mejor entendimiento. "Así que les digo: Pidan, y se les dará; busquen, y encontrarán; llamen, y se les abrirá la puerta" Lucas 11:9. Y una vez que usted sepa lo que debe hacer, entonces usted puede aplicarlo a su vida. "Con sabiduría se construye la casa; con inteligencia se echan los cimientos. Con buen juicio se llenan sus cuartos de bellos y extraordinarios tesoros" Proverbios 24:3–4.

Lea Su Palabra con deleite. Marque los versículos en su Biblia. "Deléitate en el Señor, y él te concederá los deseos de tu corazón" Salmo 37:4. Tome el tiempo para marcar los versículos para tener más rápidas referencias en tiempos de angustia (o cuando lo necesite para compartir con otros la verdad). En Lucas 4:4–10, ¿qué fue lo que Jesús respondió cuando Satanás estaba intentando tentarlo? "Jesús le respondió: 'Escrito está… , escrito está… , también está escrito… '". Use un marcador amarillo o de específicos colores claros para diferentes promesas.

Memorice. Medite día y noche Memorice las promesas que usted encuentre para que la seguridad de la bendición de ellas se hunda en su corazón. Usted debe aprender y conocer las promesas de Dios si usted quiere depender de Él solamente. "Sino que en la ley del Señor se deleita, y de día y noche medita en ella. Es como el árbol plantado a la orilla de un río que, cuando llega su tiempo, da fruto y sus hojas jamás se marchitan. ¡Todo cuanto hace prospera!" Salmo 1:2–3.

No importa cuán mal se vean las cosas, Dios está en control. Nuestro consuelo está en saber que Dios está en control, no nosotros y ciertamente tampoco Satanás. "Simón, Simón, mira que Satanás ha pedido zarandearlos a ustedes como si fueran trigo. Pero yo orado por ti, para que no falle tu fe. Y tú, cuando te hayas vuelto a mí, fortalece a tus hermanos" Lucas 22:31–32.

Zarandear. Jesús sabía el resultado, aunque Pedro de todas maneras tenía que pasar por el ser "zarandeado" para estar listo para el llamado de Dios en su vida. ¿Estará usted lista cuando Él la llame? "Y la constancia debe llevar a feliz término la obra, para que sean perfectos e íntegros, sin que les falte nada" Santiago 1:4.

Guerra Espiritual

Lleve sus pensamientos cautivos. Su batalla SERÁ ganada o perdida en su mente. "Destruimos argumentos y toda altivez que se levanta contra el conocimiento de Dios, y llevamos cautivo todo pensamiento para que se someta a Cristo. Y estamos dispuestos a castigar cualquier acto de desobediencia una vez que yo pueda contar con la completa obediencia de ustedes" 2 Corintios 10:5–6. No se arriesgue a ser atrapado por las manos del enemigo por estar jugando. No dé lugar a los pensamientos del mal. ¡Llévelos cautivos!

El Poder de Tres

Dos o tres congregados juntos. Encuentre a otras dos MUJERES para que oren por usted. "Cuando a Moisés se le cansaron los brazos, tomaron una piedra y se la pusieron debajo para que se sentara en ella; luego Aarón y Jur le sostuvieron los brazos, uno el izquierdo y otro el derecho, y así Moisés pudo mantenerlos firmes hasta la puesta del sol. Fue así como Josué derrotó al ejército amalecita a filo de espada" Éxodo 17:12–13.

Encuentre a otras dos mujeres para sostenerle para que usted no se canse demasiado. Ore y pídale a Dios ayuda para encontrar a otras dos personas que piensan igual que usted a este respecto. Usted puede encontrar una Compañera de Ánimo en nuestra página de internet.

El poder de tres. "Uno solo puede ser vencido, pero dos pueden resistir. ¡La cuerda de tres hilos no se rompe fácilmente!" Eclesiastés 4:12.

Para levantar a la otra. "Más valen dos que uno, porque obtienen más fruto de su esfuerzo. Si caen, el uno levanta al otro. ¡Ay del que cae y no tiene quien lo levante!" Eclesiastes 4:9–10.

Él está ahí con usted. "Porque donde dos o tres se reúnen en mi nombre, allí estoy yo en medio de ellos" Mateo 18:20. "En ese momento Nabucodonosor se puso de pie, y sorprendido les preguntó a sus consejeros: —¿Acaso no eran tres los hombres que atamos y arrojamos al fuego? —Así es, Su Majestad –le respondieron.—¡Pues miren!—exclamó—. Allí en el fuego veo a cuatro hombres, sin ataduras y sin daño alguno, ¡y el cuarto tiene la apariencia de un dios!" Daniel 3:24–25. ¡Usted nunca está sola!

Acuerdo. "Además les digo que si dos de ustedes en la tierra se ponen de acuerdo sobre cualquier cosa que pidan, les será concedida por mi Padre que está en el cielo" Mateo 18:19. Cuando usted esté debatiéndose sin paz acerca de algo, llame a alguien que esté creyendo y orando con usted en acuerdo.

Que se interponga en la brecha. "Yo he buscado entre ellos a alguien que se interponga entre mi pueblo y yo, y saque la cara por él para que yo no lo destruya. ¡Y no lo he hallado!" Ezequiel 22:30.

Ore el uno por el otro. "Por eso, confiésense unos a otros sus pecados, y oren unos por otros, para que sean sanados. La oración del justo es poderosa y eficaz" Santiago 5:16. También, la confesión con una mujer que piense de la misma manera es la mejor manera de obtener un corazón puro.

Haga su confesión. Esdras sabía qué hacer cuando oraba: "Mientras Esdras oraba y hacía esta confesión llorando y postrándose delante del templo de Dios… " Esdras. 10:1. Manténgase confesando la verdad.

¿Cuándo se rinde de orar? ¡Nunca! Tenemos un maravilloso ejemplo del hecho de que Dios no siempre quiere decir "no" cuando no tenemos una oración contestada.

Grande es su fe. La mujer cananea continuó rogándole a Jesús para que sanara a su hija. El resultado: "¡Mujer, qué grande es tu fe! —contestó Jesús—. Que se cumpla lo que quieres. Y desde ese momento quedó sana su hija" Mateo 15:28. Cuando oramos por algo que claramente está en la voluntad de Dios y parece que no hemos sido escuchados o que Él ha dicho lo que nosotros pensamos que es un "no," ¡Dios puede simplemente querer tenernos pidiendo, esperando, rogando, ayunando, creyendo, derramando lágrimas y postrándonos delante de Él!

La batalla por su alma. ¿Está usted unida en yugo desigual? ¡La verdadera batalla en su hogar es la batalla por el alma de su esposo! ¿Está usted unida en yugo desigual? Recuerde que usted tiene la promesa: "… serán salvos tú y toda tu familia" Hechos 11:14. Recuerde, un esposo es santificado a través de su esposa. "Porque el esposo no creyente ha sido santificado por la unión con su esposa… ¿Cómo sabes tú, mujer, si acaso salvarás a tu esposo?" 1 Corintios 7:14, 16.

Oración y ayuno

Oración y ayuno. Jesús le dijo a sus apóstoles: "Pero este género no sale sino con oración y ayuno" Mateo 17:21 (VRV). Si usted ha estado orando fervientemente y ha verificado que sus caminos son puros, entonces tal vez sea necesario que ayune. Hay diferente duración de ayunos:

Ayuno de tres días. Esther ayunó "pidiendo favor" de parte de su esposo el rey. Ella ayunó tres días "pidiendo favor" "Ve y reúne a todos los judíos que están en Susa, para que ayunen por mí. Durante tres días no coman ni beban, ni de día ni de noche Yo, por mi parte, ayunaré con mis doncellas al igual que ustedes" Ester 4:16. Este ayuno (o el de 7 días) tiene otro beneficio para quienes son contenciosas o que no pueden dejar de hablar. ¡Usted estará demasiado débil para pelear!

Ayuno de día. El ayuno de día comienza en la tarde después de su cena. Usted toma sólo agua hasta que el periodo de 24 horas es completado, y entonces come la cena del siguiente día. Usted ora y ayuna durante este tiempo por su petición. Este ayuno puede ser hecho un par de veces por semana.

Ayuno de siete días. Hay un ayuno de 7 días (siete días parece representar cumplimiento). "Al escuchar esto, me senté a llorar; hice duelo por algunos días, ayuné y oré al Dios del cielo" Nehemías 1:4. Usualmente será durante una gran pena que usted será "llamada" a ayunar por siete días.

Mis rodillas están débiles por ayunar. Cuando usted esté hambrienta, o débil, use ese tiempo para orar y leer Su Palabra. "De tanto ayunar me tiemblan las rodillas; la piel se me pega a los huesos" Salmo 109:24.

Para ser visto. Manténgase tan callada al respecto de su ayuno como le sea posible. Durante el ayuno, usted debe estar callada, nunca quejándose o atrayendo la atención hacia usted. "Cuando ayunen, no pongan cara triste como lo hacen los hipócritas, que demudan sus rostros para mostrar que están ayunando. Les aseguro que éstos ya han obtenido toda su recompensa. Pero tú, cuando ayunes, perfúmate la cabeza y lávate la cara para que no sea evidente ante los demás que estás ayunando, sino sólo ante tu Padre, que está en lo secreto; y tu Padre, que ve lo que se hace en secreto, te recompensará" Mateo 6:16–18.

Muchas me escriben porque dicen que ellas no pueden ayunar. Si es por razones médicas o por embarazo, entonces ayune "toda cosa buena" Si, no obstante, usted piensa que no puede ayunar porque está trabajando —¡está robando a usted y a Dios!

Cuando la batalla ha sido ganada, párese y vea. Una vez que usted sepa que usted ha orado, como hemos leído a lo largo de la Escritura, entonces haga como ésta dice: "Pero ustedes no tendrán que intervenir en esta batalla. Simplemente quédense quietos en sus puestos, para que vean la salvación que el Señor les dará" 2 Crónicas 20:17.

Nadie debe presumir. Dios dice que somos gente necia. Cuando una batalla es ganada o cuando la guerra se ha terminado, solamente presumamos de Él. Conservémonos humildes. "Porque por gracia ustedes han sido salvados mediante la fe; esto no procede de ustedes, sino que es el regalo de Dios, no por obras, para que nadie se jacte" Efesios 2:8–9.

"No vayas a pensar: 'El Señor me ha traído hasta aquí, por mi propia justicia, para tomar posesión de esta tierra.' ¡No! El Señor expulsará a esas naciones por la maldad que las caracteriza. De modo que no es por tu justicia ni por tu rectitud por lo que vas a tomar posesión de su tierra. ¡No! La propia maldad de esas naciones hará que el Señor tu Dios las arroje lejos de ti. Entiende bien que eres pueblo terco... has sido rebelde contra el Señor" Deuteronomio 9:4–7.

Todos hemos pecado y hemos sido hallados faltos delante de la gloria de Dios. Así que recordemos esto cuando la batalla sea ganada. Nuestra justicia no es nada sino trapos de inmundicia. ¡Glóriese en Él!

La intensidad de nuestras pruebas es una señal de que estamos cerca de la victoria. Sus pruebas se pueden llegar a intensificar cuando usted esté cerca de ganar la victoria. "Por eso, ¡alégrense, cielos, y ustedes que los habitan! Pero ¡ay de la tierra y del mar! El diablo, lleno de furor, ha descendido a ustedes, porque sabe que le queda poco tiempo" Apocalipsis 12:12.

Usted debe combatir de la manera apropiada. Haga lo que Dios diga; ¡eso va a funcionar! No trate de defenderse a sí misma; eso crea guerra y corazones duros. "En fin, vivan en armonía los unos con los otros; compartan penas y alegrías, practiquen el amor fraternal, sean compasivos y humildes. No devuelvan mal por mal ni insulto por insulto; más bien, bendigan, porque para esto fueron llamados, para heredar una bendición" 1 Pedro 3:8. Asegúrese de caminar la milla extra y de bendecir a su esposo. Pregúntele a Dios cómo Él quiere que usted bendiga a su esposo.

Esta es una batalla espiritual. "¿Crees que no puedo acudir a mi Padre, y al instante pondría a mi disposición más de doce batallones de ángeles?" Mateo 26:53. Nuestro Padre Celestial llamará a los ángeles para pelear en nuestro favor en las "alturas" donde la verdadera batalla se está librando. "Porque nuestra lucha no es contra seres humanos, sino contra poderes, contra autoridades, contra potestades que dominan este mundo de tinieblas, contra fuerzas espirituales malignas en las regiones celestiales" Efesios 6:12.

Su esposo no es el enemigo. "¿Acaso no saben ustedes que, cuando se entregan a alguien para obedecerlo, son esclavos de aquel a quien obedecen? Claro que lo son, ya sea del pecado que lleva a la muerte, o de la obediencia que lleva a la justicia" Romanos 6:16. Una persona en pecado es en realidad solamente un esclavo del mal.

Nosotros podemos pensar que uno que peca es horrible, pero así mismo somos nosotros, si continuamos reaccionando en venganza. (Recuerde, ¡eso le pertenece a Él solamente!) "Las armas con que luchamos no son del mundo, sino que tienen el poder divino para derribar fortalezas" 2 Corintios 10:4. Vayamos a la raíz del problema en lugar de la síntoma.

Comprométase. Comprométase sin importar las consecuencias y déjele los resultados a Dios. "Si se nos arroja al horno en llamas, el Dios al que servimos puede librarnos del horno y de las manos de Su Majestad. Pero aun si nuestro Dios no lo hace así, sepa usted que no honraremos a sus dioses ni adoraremos a su estatua" Daniel 3:17.

Fecha: _____ Firma: _____

Estos muchachos creyeron que Dios los liberaría, pero sin importar las consecuencias, ellos estaban resueltos a obedecer al Señor de todas maneras. Aún si ellos pudieran morir en el horno, ellos harían lo que ellos sabían que Dios quería que ellos hicieran y ellos dejaron los resultados en manos de Dios. Los muchachos no murieron, pero las cuerdas que los ataban fueron removidas cuando entraron al fuego. ¿Tiene usted ataduras (de pecado o de preocupación) que lo tienen cautivo? Dios lo liberará. ¡Es Su batalla! Clame al Dios de las multitudes; Él es el guerrero.

Capítulo 17

Interponerse en la Brecha

"Yo he buscado entre ellos a alguien que se
interponga entre mi pueblo y yo,
y saque la cara por él para que yo no lo destruya.
¡Y no lo he hallado!
Ezequiel 22:30

"Querido Padre Celestial, entro en mi closet de oración y, ahora que tengo la puerta cerrada, oro a mi Padre en lo secreto. Y como tú me ves aquí en lo secreto, tú me recompensarás en público. Está escrito que todas las cosas, cualquier cosa que pidiéramos en oración, creyendo, la recibiríamos".

"Oh Dios, tú eres mi Señor; temprano yo te buscaré; mi alma te anhela y en una tierra seca y sedienta, donde no hay agua. Señor, no hay nadie además de ti para ayudar en la batalla entre los poderosos y los que no tienen fuerzas; así que, ayúdanos, oh Señor nuestro Dios, porque confiamos en ti, y en tu nombre hemos venido contra esta multitud. Oh Señor, tú eres mi Dios; no permitas que ningún hombre prevalezca contra ti".

"Tus ojos, oh Dios, mueven en toda la tierra y a través de ella para que tú puedas fuertemente apoyar los corazones que son completamente tuyos. Escudriña mi corazón".

"Porque aunque caminamos en la carne, no tenemos lucha contra la carne, porque las armas de nuestra milicia no son carnales, sino poderosas en Dios para la destrucción de fortalezas. Derribando todo argumento, y todo cosa altiva que se levanta contra el conocimiento de Dios, y llevando cautivos todo pensamiento para la obediencia a Cristo, y estaremos dispuestos a castigar cualquier acto de desobediencia una vez que se pueda contar con completa obediencia de parte de nosotros".

"Que la maldad de los perversos termine, pero establece a los rectos. No tendré miedo de las noticias de maldad; mi corazón está fijo, confiando en el Señor. Mi corazón está establecido; no tendré miedo, hasta que vea mi deseo venir sobre mi enemigo".

"Bendice la fuente de mi esposo y déjalo regocijarse con la mujer de su juventud. Permíteme, querido Señor, ser como la amorosa cierva y la placentera gacela; permíteme tener la cualidad imperecedera de un espíritu suave y apacible escondida en mi corazón, la cual es preciosa ante tus ojos. Porque los caminos de un hombre están delante de los ojos del Señor y Él escudriña sus pasos"

"Todo lo que ates en la tierra quedará atado en el cielo, y todo lo que desates en la tierra quedará desatado en el cielo. Te pido, Padre Celestial, que eches fuera y ates a Satanás en el nombre y mediante la sangre de mi Señor Jesucristo. Cubre su camino con espinas, y construye una pared contra él para que no pueda encontrar sus caminos. Entonces tú me dirás a mí, querido Señor, 'Ve de nuevo, ama a un hombre que es amado de su esposa.' Por lo tanto yo le hablaré amablemente a él. El hombre dejará a su padre y a su madre y se unirá a su mujer, y los dos serán una sola carne"

"Abraham creyó y esperó contra toda esperanza, y de este modo llegó a ser padre de muchas naciones, tal como se le había dicho. Su fe no flaqueó. Ante la promesa de Dios no vaciló como un incrédulo, sino que se reafirmó en su fe y dio gloria a Dios, plenamente convencido de que Dios tenía poder para cumplir lo que había prometido"

"Somos salvos por esperanza; pero la esperanza que se ve no es esperanza; porque lo que el hombre ha visto, ¿para qué esperarlo? Pero si esperamos lo que no hemos visto, entonces con paciencia lo esperamos. Hubiera desmayado si no hubiera creído que verá la bondad del Señor en la tierra de los vivientes. Aguarda al Señor;

aliéntese tu corazón, sí, espera en el Señor. Pero aquellos que esperan en el Señor renovarán sus fuerzas; volarán con alas como de águilas; correrán y no se fatigarán; caminarán y no se cansarán"

"Porque desde el principio del mundo los hombres no han escuchado, ni percibido mediante el oído, ni han visto, Oh Dios, además de ti, lo que Él ha preparado para aquél que espera en Él. Ciertamente el bien y la misericordia me seguirán todos los días de mi vida, y en la casa del Señor moraré por largos días. Amén"

Oración por los que están en adulterio

"Te pido, Padre, que reprendas y ates a Satanás en el Nombre y mediante la Sangre del Señor Jesucristo. Te pido que construyas una cobertura de espinas alrededor de mi esposo para que cualquiera que se interesa en él pierda interés y se vaya. Baso mi oración en el mandamiento de Tu Palabra que dice 'Lo que Dios ha unido, ningún hombre lo separe.' Te doy gracias, Padre, por escuchar y contestar mi oración. Amén"

"Por lo tanto, cubriré su camino de espinos, y construiré una pared contra él para que no pueda encontrar sus caminos. Y él buscará a sus amantes, pero no las alcanzará; los buscará pero no los encontrará. Entonces dirá, 'Regresaré a mi esposa. Porque me iba mejor entonces que ahora.' Por lo tanto, lo atraeré, y lo traeré al campo, y le hablaré suavemente. Entonces el Señor me dijo: 'Ve y ama al hombre, aunque sea adúltero.'" Tomado de Oseas 3.

"Bebe el agua de tu propio pozo, el agua que fluye de tu propio manantial. ¿Habrán de derramarse tus fuentes por las calles y tus corrientes por las plazas públicas? Son tuyas, solamente tuyas. Y no para que las compartas con extraños. ¡Bendita sea tu fuente! ¡Goza con la esposa de tu juventud! Es una gacela amorosa, es una cervatilla encantadora. ¡Que sus pechos te satisfagan siempre! ¡Que su amor te cautive todo el tiempo! ¿Por qué, hijo mío, dejarte cautivar por una adúltera? ¿Por qué abrazarte al pecho de la mujer ajena? ¿Puede un hombre poner fuego en su seno, sin que sus ropas sean quemadas? O, ¿puede un hombre caminar sobre carbón encendido, sin que sus pies sean abrasados? Así es se acerca a la esposa de su vecino. Quien la toque no quedará sin castigo. Porque nuestros caminos están a la vista del Señor; Él examina todas nuestras sendas" Tomado de Proverbios 5.

"Aléjate de la adúltera; no te acerques a la puerta de su casa, para que no entregues a otros tu vigor, ni tus años a gente cruel; para que no sacies con tu fuerza a gente extraña, ni vayan a dar en casa ajena tus esfuerzos. Porque al final acabarás por llorar, cuando todo tu ser se halla consumido. Pues la ramera va tras un pedazo de pan, pero la adúltera va tras el hombre que vale. El que frecuenta rameras derrocha su fortuna" Tomado de Proverbios 5.

"No dejes que tu corazón se vuelva hacia sus caminos, porque en las manos del Señor el corazón es como un río; sigue el curso que el Señor le ha trazado. No desvíes tu corazón hacia sus sendas, ni te extravíes por sus caminos, pues muchos han muerto por su causa; sus víctimas han sido innumerables. Su casa lleva derecho al sepulcro; ¡conduce al reino de la muerte! La boca de la adúltera es un pozo profundo; aquél a quien Dios maldice caerá en él. Porque fosa profunda es la prostituta, y estrecho pozo, la mujer ajena" Tomado de Proverbios 7.

"Pero al que comete adulterio le faltan sesos; el que así actúa se destruye a sí mismo. Seguramente ella acecha como un ladrón y aumenta los infieles entre los hombres. Como ave que vaga lejos del nido es el hombre que vaga lejos del hogar" Tomado de Proverbios 6, 27.

"Así procede la adúltera: come, se limpia la boca, y afirma: 'Nada malo he cometido.' De los labios de la adúltera fluye miel; su lengua es más suave que el aceite. Pero al fin resulta más amarga que la hiel, y más cortante que una espada de dos filos. Sus pies descienden hasta la muerte; sus pasos van derecho al sepulcro. No toma ella en cuenta el camino de la vida; sus sendas son torcidas, y ella no lo reconoce" Tomado de Proverbios 5.

"¡Oh gente adúltera! ¿No saben que la amistad con el mundo es enemistad con Dios? Si alguien quiere ser amigo del mundo se vuelve enemigo de Dios. Y no participen de las obras de la oscuridad que no traen frutos, porque es detestable siquiera el hablar de las cosas que ellos hacen en secreto" Tomado de Santiago 4.

"Porque aunque caminamos en la carne, no tenemos lucha contra la carne, porque las armas de nuestra milicia no son carnales, sino poderosas en Dios para la destrucción de fortalezas. Derribando todo argumento, y toda cosa altiva que se levanta contra el conocimiento de Dios, y llevando cautivos todo pensamiento para la obediencia a Cristo"

"Sin embargo, ahora me alegro, no porque se hayan entristecido sino porque su tristeza los llevó al arrepentimiento. Ustedes se entristecieron tal como Dios lo quiere, de modo que nosotros de ninguna manera los hemos perjudicado. La tristeza que proviene de Dios produce el arrepentimiento que lleva a la salvación, de la cual no hay que arrepentirse, mientras que la tristeza del mundo produce muerte" Tomado de 2 Corintios 10.

"Dios nos dio el ministerio de la reconciliación: esto es, que en Cristo, Dios estaba reconciliando al mundo consigo mismo, no tomándole en cuenta sus pecados y encargándonos a nosotros el mensaje de la reconciliación. Así que somos embajadores de Cristo, como si Dios los exhortara a ustedes por medio de nosotros: 'En nombre de Cristo les rogamos que se reconcilien con Dios.'" Tomado de 2 Corintios 5.

"Porque Dios ha dicho: 'Por eso la voy a postrar en un lecho del dolor, y a los que cometen adulterio con ella los haré sufrir terriblemente, a menos que se arrepientan de lo que aprendieron de ella. Por eso, confiésense unos a otros sus pecados, y oren unos por otros, para que sean sanados. La oración del justo es poderosa y eficaz. Quien encubre su pecado jamás prospera; quien lo confiesa y lo deja, halla perdón" Tomado de Apocalipsis 2:22.

"Así también en el cielo habrá más alegría por un solo pecador que se arrepienta, que por noventa y nueve justos que no necesitan arrepentirse. Sí, hay gozo en la presencia de los ángeles de Dios por un pecador que se arrepiente. Porque Jesús les dijo: 'Aquel de ustedes que esté libre de pecado, que tire la primera piedra.' Tampoco yo te condeno. Ahora vete, y no vuelvas a pecar.'" Tomado de Lucas 15.

"Tampoco yo te condeno" Juan 8.

Oración para restaurar

"Toma en cuenta mis lamentos; registra mi llanto en tu libro. ¿Acaso no lo tienes anotado? Y a mí, pobre y necesitado, quiera el Señor tomarme en cuenta. Tú eres mi socorro y mi libertador; ¡no te tardes, Dios mío!" Tomado de Salmo 56 y 40.

"Hasta mi mejor amigo, en quien yo confiaba y que compartía el pan conmigo, me ha puesto la zancadilla. Si un enemigo me insultara, yo lo podría soportar; si un adversario me humillara, de él me podría yo esconder. Pero lo has hecho tú, un hombre como yo, mi compañero, mi mejor amigo, a quien me unía una bella amistad, con quien convivía en la casa de Dios" Tomado de Salmo 41 y 55.

"Que la maldad de los malvados termine, pero establece a los rectos. Han caído los paganos en la fosa que han cavado; sus pies quedaron atrapados en la red que ellos mismos escondieron. Cúlpalos, oh Dios; que caigan en las trampas que ellos mismos construyeron. En la multitud de sus transgresiones acomételos porque ellos han sido rebeldes contra ti. Que sean apaleados por su vergüenza. Todos mis enemigos serán avergonzados y grandemente consternados. Voltearán y repentinamente serán avergonzados. No permitas que yo sea avergonzado, oh Dios, porque a ti clamo. Que los malos sean avergonzados, que sean enmudecidos. En ti, oh Señor, he puesto mi refugio. En ti justicia líbrame" Tomado de Salmos 7, 9 y 31.

"Aunque tramen hacerte daño y maquinen perversidades, ¡no se saldrán con la suya! Porque tú los harás retroceder cuando tenses tu arco contra ellos. Borrarás de la tierra su simiente; de entre los mortales su posteridad. Un poco más y el hombre malvado no será más. Pero los humildes heredarán la tierra y se deleitarán en prosperidad abundante" Tomado de Salmo 21.

"Tú rodeas al recto con un escudo. En paz me acuesto y me duermo, porque sólo tú, Señor, me haces vivir confiado. Ofrezcan al Señor sacrificios de agradecimiento, y llámenme en el día de problemas. Yo los rescataré y ustedes me honrarán" Tomado de Salmo 4.

"Esfuércense y tomen ánimo en sus corazones ustedes los que confían en el Señor. Sé su pastor siempre y llévalos en brazos por siempre. Pero de una cosa estoy seguro: he de ver la bondad del Señor en esta tierra de los vivientes. Pon tu esperanza en el Señor; ten valor, cobra ánimo; ¡pon tu esperanza en el Señor!" Tomado de Salmo 27.

"'Porque el que te hizo es tu esposo; su nombre es el Señor Todopoderoso. Tu Redentor es el Santo de Israel; ¡Dios de toda la tierra es su nombre! El Señor te llamará como a esposa abandonada; como a mujer angustiada de espíritu, como a esposa que se casó joven tan sólo para ser rechazada,' dice el Señor" Isaías 54:5–6.

¡Que Dios le conceda la victoria!

Compromiso personal: luchar en el Espíritu por mi esposo y mi matrimonio. "Basada en lo que he aprendido de la Palabra de Dios, me comprometo a luchar en el Espíritu en lugar de continuar luchando en la carne. Reconozco que cuando yo lucho en la carne estoy perdiendo la guerra espiritual. Por lo tanto, me comprometo a invertir mi energía, tiempo y pensamiento en la batalla espiritual por mi matrimonio y por mi familia"

Fecha: _____ Firma: _____

Si su matrimonio ha sido restaurado mediante este libro o a través de nuestro ministerio, por favor, escríbanos para que podamos publicar el testimonio en nuestra página de internet y para que lo publiquemos en nuestro libro de testimonios. Démosle a Él la gloria que Él merece y digámosle al mundo lo que Dios ha hecho en nuestras vidas, para animar a otros. "Ellos lo han vencido por medio de la sangre del Cordero y por el mensaje del cual dieron testimonio…" Apocalipsis 12:11.

www.AyudaMatrimonial.com

Acerca del Autor

Erin Thiele ha sido bendecida para ser la madre de cuatro hijos, Dallas, Axel, Easton, y Cooper, y de tres hijas, Tyler, Tara y Macy. Su posición respecto al matrimonio fue fundada sobre la roca durante su lucha para la restauración de su propio matrimonio. El esposo de Erin, Dan, la había abandonado por otra mujer y eventualmente se divorció de ella.

Restore Ministries fue iniciado cuando Erin investigó en todas las denominaciones en su localidad pero no pudo encontrar la ayuda ni la esperanza que estaba buscando.

Este libro y el cuaderno de trabajo La mujer sabia edifica su casa: escrito por la necia quien destruyó la suya con sus propias manos fue originalmente un enorme libro que ella escribió conforme el Señor la dirigía a preparar su casa para el regreso de su esposo. Después, este libro de restauración fue separado del cuaderno de trabajo para ayudar a las muchas mujeres que el Señor envió a Erin, las cuales estaban en crisis.

Desde el regreso de Dan en 1991, Erin ha escrito otros libros con su estilo distintivo de usar las Escrituras para ministrar a los quebrantados de corazón y a los espiritualmente cautivos. "Él envió Su Palabra y los sanó, y los libró de todas sus destrucciones"

Este es otro poderoso testimonio de las promesas de Dios y de Su fidelidad. "Todas las promesas que ha hecho Dios son 'sí' en Cristo. Así que por medio de Cristo respondemos 'Amén' para la gloria de Dios" 2 Corintios 1:20.

Palabras finales

"El Espíritu del Señor omnipotente está sobre mí, por cuanto me ha ungido para anunciar buenas nuevas a los pobres. Me ha enviado a sanar los corazones heridos, a proclamar liberación a los cautivos y libertad a los prisioneros, a pregonar el año del favor del Señor y el día de la venganza de nuestro Dios, a consolar a todos los que están de duelo, y a confortar a los dolientes de Sión. Me ha enviado a darles una corona en vez de cenizas, aceite de alegría en vez de luto, traje de fiesta en vez de espíritu de desaliento. Serán llama- dos robles de justicia, plantío del Señor, para mostrar su gloria. Reconstruirán las ruinas antiguas, y restaurarán los escombros de antaño; repararán las ciudades en ruinas, y los escombros de muchas generaciones" Isaías 61:1–4

¡Ahora tenemos muchos recursos para mujeres para ayudarlas a través del proceso de la restauración!

Restore Ministries International

POB 830

Ozark, MO 65721

USA

Para obtener más ayuda por favor visite uno de nuestros páginas de internet:

AyudaMatrimonial.com (Español)

RestoreMinistries.net

RMIEW.com (Inglés)

AjudaMatrimonial.com (Portugués)

Aidemaritale.com (Francés)

¿Te gusto lo que leiste?

Si usted ha sido bendecida por este libro
Cómo DIOS Puede y va Restaurar Su Matrimonio
éstos son algunos otros libros que usted puede
acudir a Dios acerca de la compra de ellos en
EncouragingBookstore.com

Como DIOS Puede y Va Restaurar Su Matrimonio

5 Libros impresos $65

Una Mujer Sabia

Libro digital (ebook) $10

Mi Querida para Mujeres

Libro digital (ebook) $10

FLOR BALDIZON
7863190402

Made in the USA
Columbia, SC
09 July 2020